KB073462

죽고 싶은 사람은 없다

임세원 교수가 세상에 남긴
더없는 온기와 위로

임세원 지음

죽고 싶은 사람은 없다

알에이치코리아

"순순히 어둠을 받아들이지 마오."

딜런 토마스 Dylan Thomas

《죽고 싶은 사람은 없다》를
다시 펴내며

2018년 한 해가 저무는 연말, 오랜만에 지인들과 점심을 먹고 있을 때였습니다. 남편에게서 "장인·장모님도 편찮으시니, 이번 겨울에는 처가댁에 들렀다가 대학 시절에 갔던 월악산에 아들과 함께 가자"면서 1월에 휴가를 내고 여행 준비를 하겠다는 연락이 왔습니다. 남편의 이 계획이 영원히 지켜지지 못할 것이란 생각을 그때는 하지 못했습니다. 2018년 12월 31일 아침 서로 인사를 나누고, 그날 저녁 응급실에서 차디찬 남편의 얼굴을 마주하는 것으로, 그렇게 남편과 황망한 이별을 하게 되었으니까요.

남편은 절친한 동료의 이야기처럼 직장에서는 잘 웃지도 않고 독일 병정처럼 무표정한 모습이었지만, 가족과 있을 때는 달랐습니다. 가족을 웃게 하려고 노력하는 사람이었습니다. 기분 좋은 날에는 아이들과 함께 막춤을 추며 노래를 하기도 하는 등 친구처럼 좋은 아빠였고, 제게는 투덜거리면서도 항상 작은 것까지 챙겨주는 따뜻한 남편이었습니다. 대학 시절에도 바쁜 와중에 시간 될 때마다 제게 전화해 안부를 물었고, 결혼한 다음부터는 거의 매일 아침저녁으로 전화해 잘 출근했는지, 언제 퇴근하는지를 물어보던 사람이었습니다. 지금도 퇴근할 때 기차역에 도착하면 남편이 몇 시 기차로 오는지 연락할 것만 같습니다. 그러다 이제는 그런 연락이 올 리 없고 집에 가도 기다리는 남편이 없다는 사실이 퍼뜩 떠올라 종종 눈물짓게 됩니다.

대학교 2학년 때 만난 남편은 풍부한 감성과 순수한 마음을 지녔으면서도 이성적이고 똑똑한 사람이었습니다. 고민 끝에 정신건강의학과를 선택한 후에는 자기 일을 사랑하며 정말 열심히 해냈습니다. 자신의 몸과 마음이 고단할 때조차 항상 환자의 마음이 왜 그렇게 아프게 되었는지 생각하며 상대에게 공감해 주려 노력하고 의사로서 늘 최선을 다했습니다. 집에

들어가기
전에

선 환자 이야기를 거의 하지 않았지만, 가끔씩 몹시 힘겨워하던 환자가 진전이 없다가 잘 치료받은 후 퇴원할 때면 자기 일처럼 무척 기뻐하곤 했습니다. 교수로서 연구에도 항상 열정적이었습니다. 그런 남편이 언제나 자랑스러웠습니다.

남편이 사고를 당하던 마지막 영상을 확인했을 때, 그 긴박한 상황에서도 자기보다 다른 사람을 구하고자 했던 모습을 보며 참 그 사람답다고 생각했습니다. 그랬기에, 저는 남편의 의로운 죽음을 인정받고 싶었습니다. 다행히, 많은 분의 도움 속에 2020년 남편은 의사자로 인정받게 되었습니다.

남편은 전공의 기간과 교수로 부임한 몇 년간은 거의 매일 일에 파묻혀 자정이 다 된 시간에야 집에 들어왔습니다. 직장에 다니면서 혼자 육아에 집안일까지 해야 했던 저는, 가끔 남편에게 서운함을 느끼기도 했습니다. 그래도 주말이면 가족을 위해 온 시간을 쏟는 남편을 보면서 화를 낼 수 없었습니다. 오히려 자기 시간 하나 없는 남편이 안쓰럽기까지 했습니다.

이렇게 눈 코 뜰 새 없는 힘든 시간을 보냈기에, 우리 가족은 2012년 남편의 안식년을 손꼽아 기다렸습니다. 남편과 저는 마마스앤파파스의 '캘리포니아 드림'을 함께 들으며, 안식

죽고 싶은
사람은 없다

년을 보내기로 되어 있는 샌디에이고에 대해 설렘 가득한 대화를 나누곤 했습니다.

그러다 샌디에이고로 떠나기 두 달 전 남편은 갑작스러운 허리 통증이 나타나면서 투병 생활을 시작해야 했습니다. 처음에는 '치료를 끝내면 곧 낫겠지' 하는 희망이 있었지만, 수술 후에도 몇 년 동안 이어지는 남편의 고통을 지켜보며 우리 가족은 다 함께 점점 힘들어졌습니다. 남편은 그 극심한 고통 속에서도 아이들에게만은 거의 짜증을 내지 않았고, 병원 진료도 한 번도 빼먹지 않았으며 삶을 지켜 내기 위해 전력을 다했습니다.

통증이 찾아오기 전, 남편은 환자들에게 앞으로 나아질 거라는 막연한 말 대신 나아질 수 있다는 희망의 근거를 전하고 싶다며, 안식년 동안 책 집필을 하려고 구상 중이었습니다. 책의 내용은 원래 밝게 쓰려고 했지만, 집필과 동시에 찾아온 통증으로 인해 원래 계획은 많이 수정되었습니다. 남편은 수년간 자신을 끊임없이 괴롭혔던 원인 모를 통증으로 인해 몸과 마음이 지쳐 가면서도, 이에 지지 않으려는 마음을 담아서 자신과 비슷한 고통을 겪고 있는 환자들에게 희망을 전하고 싶다고 했습니다. 그렇게, 남편은 《죽고 싶은 사람은 없다》를 힘

들어가기
전에

겹게 집필했습니다.

남편이 떠나간 뒤로 많은 분께서 남편의 유일한 저서인《죽고 싶은 사람은 없다》를 읽어 주셨습니다. 너무나 감사드립니다. 저희 가족은 마음이 아픈 분들에 대한 남편의 사랑과 관심이 더 널리 알려지기를, 남편에 대한 추모가 시간이 지나도 계속 이어지기를 소망하면서, 이번 개정증보판을 펴내기로 결정했습니다. 개정증보판에는 이전 저서에 수록되지 않은 남편의 조각 글들, 짧지만 뭉클한 글들을 새롭게 수록했습니다. 이 글들은 2부 '희망의 근거'라는 제목으로 묶었습니다. 또, 부록으로 남편과 동료 교수분들이 온갖 정성과 노력을 다해 개발한 한국형 표준 자살예방프로그램 '보고 듣고 말하기'도 요약하여 실었습니다. 이 프로그램은 자살하려고 하는 이들의 자살징후를 알아차려 그들을 돕기 위한 것으로, 생전에 남편이 무척이나 심혈을 기울였던 과업 중 하나였습니다. 남편의 책에 이 프로그램을 수록할 수 있는 기회가 주어져 너무나 감사한 마음입니다.

20대 초반에 만나 긴 세월을 함께했던 남편이 옆에 없다는 사실에 가끔은 모든 걸 내려놓고 싶다는 생각이 들 때가 있습니다. 그럴 때마다 남편이《죽고 싶은 사람은 없다》에서 했던

죽고 싶은
사람은 없다

이야기를 상기하며 다시금 하루를 살아가고자 노력하고 있습니다. 저처럼 여러 이유로 마음이 힘든 분들이 이 책에서 또 한 번 내일을 맞이할 수 있는 희망의 근거를 발견하셨으면 하는 바람입니다.

 몇 년간의 극심한 고통을 조금씩 이겨내고 오랜만에 웃는 날이 많았던 2018년 마지막 날, 하느님께서 왜 그렇게 남편을 아프게 데려가셨는지, 여전히 저는 답을 찾지 못했습니다. 그래도 남편이 하늘에서는 고통 없이 좋아하는 책을 보고 음악을 들으며 편안하게 지내기만을 계속 기도합니다. 남편도 이번 개정증보판 발간을 하늘에서 기뻐할 거라 생각합니다.
 끝으로, 이 책이 다시 빛을 볼 수 있도록 힘써주신 대한정신건강재단 고 임세원교수 추모사업회의 백종우 교수님과 출판사 알에이치코리아 관계자분들께 진심으로 감사의 인사를 전합니다. 또 아빠의 빈자리가 큰데도 힘든 내색 없이 밝게 생활해 주는 아이들에게, 비록 아빠와 엄마가 서로 있는 곳은 달라도 항상 너희들을 사랑한다고 말해 주고 싶습니다.

2021, 신은희

차
례

4장   오늘 이 순간을 살기 위하여

1부

죽고 싶은
사람은 없다

행복의 작은 실마리

내 일은 행복을 잃어버린 사람들에게 행복을 찾아주는 것이다. 사람들은 그것을 '우울증을 치료하는 것'이라고 말한다. 아무래도 좋다. 이것은 나의 일, 나의 직업이며 나는 이 직업에 만족한다. 그리고 쑥스럽긴 하지만, 나는 내 일을 꽤 잘하는 편이라고 자부하면서 살아왔다.

나는 수많은 환자로부터 다양한 삶의 이야기를 듣는다. 그 이야기를 듣고 각 상황에 따라 알맞은 약을 처방하기도 하고, 적절한 수준에서 조언이나 충고를 하기도 한다. 때로는 몇 가지 전문적인 정신 치료적 기법을 활용해, 마음의 병에 시달리는 사람들이 우울의 심연에서 벗어나도록 도와주기도 한다.

그렇게 임상 경험이 1년, 2년, 10년 이상 쌓여 가면서, 나는 내가 우울증을 아주 잘 이해하고 힘들어하는 사람에게 잘 공감한다고 느꼈다. 또한 사람들이 깊은 우울에 빠지는 이유가 '희망의 상실' 때문이라 확신하게 되었고, 이에 따라 그들이 다시 희망을 찾을 수 있게 전력으로 돕기 시작했다. 실제로 내 도움을 받아 희망을 찾게 된 사람들 중 상당수가 마음의 괴로움을 덜어 내는 모습을 목격할 수 있었다. 나는 이러한 결과에 커다란 뿌듯함을 느끼며, 내가 파악한 우울증 치료의 핵심인 '희망을 되찾는 일'에 대해 널리 알려야겠다고 생각했다. 그렇게, 이 책을 구상하게 되었다.

그러나 인생이라는 것이 늘 그렇듯이, 상황은 전혀 예상치 못한 방향으로 흘러갔다. 나에게 견디기 힘든 고통을 주는 병이 찾아온 것이다.

병은 내가 가지고 있는 많은 것을 앗아가 버렸다. 나는 어느 때부터인가 웃음을 잃었고, 활기를 잃었으며, 무엇보다 '희망'을 잃고 말았다. 아니나 다를까, 뒤이어 어김없이 지독한 우울증이 찾아왔다.

그렇게 3년여간 끝 모를 고통을 겪으며, 나는 내가 마음의 문제에 대해 알고 있는 것보다 모르고 있는 것이 훨씬 많다는 사실을 깨달았다. 이전에 갖고 있던 내 생각들 중 어떤 것은 사실이지만, 어떤 것은 단지 나의 소망에 불과했음을 알게 된 것이다.

또한 타인의 감정에 제대로 공감하는 것이 얼마나 어려운 일인지도, 잃어버린 희망을 되찾는다는 것이 얼마나 불가능에 가까운 일인지도 알게 되었다. 나는 내가 마음이 아픈 많은 분의 이야기를 들으며 그분들의 감정을 정확히 파악하고 있다고 생각했지만, 막상 내가 절망에 빠지고 보니 그것이 내 온전한 착각이었다는 것을 뼈저리게 느낄 수 있었다.

누구나 행복해지고 싶어 한다. 그러기 위해 미래에 대한 희망을 갖고 싶어 한다. 하지만 희망에는 근거가 필요하다. 근거 없는 희망은 부질없는 기대에 불과하며, 때때로 더 큰 좌절만을 안겨 준다.

나는 처음 이 책을 구상했을 때 절망에 빠진 이들에게 행복을 찾아 주고 싶었다. 이제는 다르다. 나 자신을 포함해 괴로움 속에서 허우적대는 많은 사람이 가느다란 희망의 근거나마

죽고 싶은
사람은 없다

발견할 수 있도록 돕고 싶다. 그렇게 함으로써 우리는 행복의 작은 실마리를 손에 쥘 수 있을 테니까.

이 책이 절망에 빠져 있는 분들, 마음이 아픈 이들을 가족으로 두고 있는 분들, 무엇보다 삶의 순간순간을 행복으로 채워 나가고 싶어 하는 모든 분들에게 작은 도움이라도 될 수 있다면, 그것이 바로 내 희망의 근거가 될 것이라 굳게 믿는다.

끝으로, 내가 흔들릴 때마다 내 차가운 손을 잡아 준 가족들에게 진심으로 고맙다는 말, 사랑한다는 말을 전하고 싶다.

2016, 임세원

들어가는
글

1장
—

고통이 내게
알려 준 것들

선생님은 이 병을 몰라요

"선생님은 이 병을 몰라요……."

환자들은 종종 내게 이런 말을 했다. 그 말이 그렇게 듣기 싫었다.

특히 전문의 자격을 막 취득하고 난 처음 몇 년 동안은, 그 말을 들으면 거의 화가 날 지경이었다. 의대 6년, 인턴 1년, 레지던트 4년을 공부했고 이 분야에 능통하다는 것을 국가가 공인해 주는 전문의 자격까지 가지고 있는 내가 나의 전공과목인 우울증에 대해 모른다면, 도대체 누가 이 병에 대해 알고 있다는 말인가.

죽고 싶은
사람은 없다

하지만 한 해, 두 해 점차 임상 경험이 쌓여 가면서 환자들이 하는 이런 말이 현재의 치료에 대해 느끼는 불만을 우회적으로 표현한 것이란 사실을 알게 되었다. 그러고 나서는 다음과 같이 말하며 환자들을 타일렀다.

"암을 치료하는 의사가 암에 걸려야만 암을 잘 이해하고 치료할 수 있는 건 아닙니다. 우울증도 마찬가지죠. 이 병에 걸려 본 사람만이 이 병을 이해하고 치료할 수 있는 건 절대 아닙니다."

하지만 전문의가 되고 나서도 10년 이상이 지난 후에야, 나는 내가 틀리고 환자들이 맞았다는 것을 알게 되었다. 그것도 많은 환자를 만나며 임상 경험이 쌓여서가 아니라, 나 자신이 우울증으로 상당 기간 동안 고통을 받고 나서야 알게 된 것이었다.

나는 의사로서 우울증이 무슨 병이고, 그것을 어떻게 치료해야 하는지에 대해서는 누구보다 잘 알고 있었다. 하지만 환자들이 그것을 실제로 어떻게 경험하고 있는지에 대해서는 잘 모르고 있었던 것이다.

불행은 준비할 틈을
주지 않았다

2012년 6월, 나는 해외 연수를 앞두고 있었다. 대학병원의 교수가 되기 위한 펠로fellow 시절 2년 동안, 나는 거의 매일 새벽 별을 보고 출근해서 한밤중에 퇴근하는 생활을 반복했다. 다른 사람들보다 운이 좋았던 덕에 서울 시내에 위치한 대학의 교수가 될 수 있었지만, 초임 후 수년 동안은 펠로 시절보다 더 힘든 생활을 했다. 그 괴로운 과정을 거친 후 보상처럼 받게 된 해외 연수였기에, 나는 무척 들떠 있었다. 평소 잘 만나지 못했던 친구들도 어떻게 소식을 들었는지 환송회 자리를 만들어 주었고, 운 좋게도 학회에서 수여하는 학술상까지 받게 되는 등 2012년 초반의 나는 그야말로 인생 최고의 전성기를 보내고 있는 듯했다.

하지만 불행은 예고 없이, 전혀 준비할 틈조차 주지 않은 채 나를 찾아왔다. 2012년 6월의 어느 금요일, 늦은 시간까지 이어졌던 환송회 자리 후 나는 채 세 시간도 잠을 자지 못한 상태에서 새벽 골프 약속을 지키기 위해 서울 근교의 골프장을 찾았다. 피곤했지만, 골프를 치는 데는 큰 무리가 없었다.

그렇게 골프를 잘 치고 집으로 무사히 돌아왔는데, 주차를 하고 차에서 내리려는 순간 마치 누가 허리를 칼로 찌르는 것 같은 통증이 느껴졌다.

처음에는 조금 쉬면 나아질 거라고 생각했지만, 그것은 순전히 내 착각이었다. 물리 치료를 받고 약을 먹었는데도, 도무지 효과가 없었다. 단 10분을 앉아 있기 힘들 정도로 통증이 점점 심해져 갔다. 신경 차단 주사를 맞아도 효과가 없었다. MRI 사진을 본 의사들마다 수술을 해야 할지 말아야 할지에 대해 서로 다른 의견을 내 놓았다. 척추를 전공한 신경외과 의사이자 나의 친한 친구는 바로 수술을 하라고 했고(나중에 보니 그 친구의 말이 전부 맞았다. 그가 하라는 대로 했더라면, 나는 그 정도로 고생할 필요가 전혀 없었을 것이란 사실을 시간이 한참 지나고 나서야 알게 되었다), 또 다른 전문의는 시간이 지나면 나아질 수 있는 정도이니 조금만 버텨 보라고 했다.

이런 경우라면 누구나 그렇겠지만, 전문가의 의견보다는 자신이 원하는 의견을 제시한 사람의 말을 따르게 되어 있다. 이미 출국 날짜까지 정하고 비행기 표도 사 놓은 상태였던 나는 수술로 인해 그토록 기다렸던 해외 연수 일정이 지연되는 것을 원치 않았기에, 수술을 하지 않고 버텨 보기로 결정했다.

참으로 신기한 것이, 서 있으면 통증이 이내 사라졌고 앉아 있으면 통증이 심하게 느껴졌다. 그렇다고 서서 일을 할 수는 없었기에, 담당 의사는 내게 일을 쉬며 4주간 '절대 안정'을 취하라는 권고를 내렸다.

조금씩
우울해지기 시작하다

절대 안정.

바꿔 말하면, 절대 움직이지 말고, 침상에 누워 있으라는 것이다. 식사와 용변을 포함한 모든 것을 누워서 해결해야 한다는 이야기였다. 하지만 불과 며칠 전까지 골프 치고, 회식하던 사람이 멀쩡한 의식 상태에도 불구하고 다른 사람의 손을 빌려 용변 뒤처리까지 해야 하다니, 그것만은 도저히 받아들일 수 없었다. 결국 나는 식사를 하고 용변을 볼 때를 제외하고는 종일 누워 있는, 다소 완화된 형태의 절대 안정을 취하기로 마음먹었고, 담당 의사 역시 그렇게 해도 좋다고 허락해 주었다.

처음 며칠은 견딜 만했다. 하지만 1주일이 지나고 퇴원 후

죽고 싶은
사람은 없다

집에서 같은 생활을 되풀이하면서, 나는 점차 불안해졌다. '오늘 자고 나면 내일은 통증이 덜하겠지' 하는 기대를 안고 오지 않는 잠을 겨우 청했지만, 깨고 나면 통증은 변함없이 나를 찾아왔다. 아무것도 하지 않고 누워 있는데도 불구하고 통증은 더 심해져 갔다. 때때로 마치 발가락 사이를 도끼로 내리찍어 발이 쪼개지는 것 같은 느낌을 받거나, 고기 불판 위에 발을 올려 놓은 것처럼 발바닥이 뜨거워져 어찌할 바를 모르는 경험을 계속하게 되었다. 어떤 날은 두꺼운 얼음 위에 맨발로 서 있는 것처럼 다리가 시리기도 했다. 진통제는 아무런 도움도 되지 않았다.

한 주, 두 주 시간이 흘러 가면서 내가 나아질 것이라는 희망은 점차 사그라들었고, 나는 우울해지기 시작했다.

"선생님은 이 병을 몰라요……."

나는 그제야 환자들이 했던 이 말의 의미를 뼛속 깊이 깨달을 수 있었다.

이를테면 이런 것이다. 나는 우울증의 '조기 각성 증상'에 대해 누구보다 잘 알고 있었다. 우울증에 걸린 사람들은 불면증과 함께 이유 없이 평소보다 최소 한두 시간 정도 일찍 깨어 버리는 조기 각성 증상을 경험하곤 한다. 나는 이 증상이 어떠한 것이며, 왜 일어나는지에 대해서는 이해하고 있었지만, 원치 않게 일찍 깨어난 사람들이 어떤 감정을 느끼게 될지에 대해서는 잘 몰랐다.

내가 겪은 조기 각성 증상은 생각보다 훨씬 고통스러웠다. 가족 모두가 아직 곤하게 자고 있는 새벽 세 시, 네 시 정도에 거짓말처럼 눈이 반짝 떠진다. 무언가를 하기에는 너무 이른 시간이고, 사실 그러고 싶은 의욕도 없다. 곧, 어젯밤까지 계속 나를 괴롭히던 고민거리가 머릿속에 일일 드라마처럼 다시 펼쳐진다. 고민과 걱정은 반복되지만, 결국 나는 늘 같은 자리에 있다.

그렇게 같은 자리를 맴돌고 있는 걸 알면서도, 거기에서 벗어나 다른 생각을 할 수가 없다. 일부러 다른 생각, 무언가 좋고 행복한 생각을 해 보려고 애쓰지만 그것도 잠시일 뿐, 이내 나는 다시 출발점으로 돌아가 같은 고민을 되풀이하고 있다.

게다가 모두가 잠든 새벽은 너무나 고요해, 작은 감각에도 예민해진다. 바스락거리는 소리 하나하나가 귀에 꽂히고, 창밖의 작은 불빛에도 잽싸게 눈길이 쏠린다. 늘 아프던 곳은 더 아프게 느껴지고, 평소 불편함을 잘 느끼지 못했던 부위까지 고통이 느껴진다.

죽고 싶은
사람은 없다

괴롭다.

힘들다.

하루를 시작하는 것이 너무나 두렵다.

이대로 해가 뜨지 않았으면, 하는 비현실적인 기대를 해 본다. 하지만 무정하게 시간은 흘러가고, 곧 동이 튼다. 새로운 하루를 이미 극도로 지쳐 버린 채 맞이하게 되는 것이다. 이렇게 시작된 하루는 끝없는 고통의 연장일 뿐이다.

저도 그 병,
잘 알아요

"머릿속에서 걱정이 끊이질 않아요."

"생각을 멈추려고 해도 도저히 멈출 수가 없어요."

"사는 게 너무 힘들어요."

이렇게 말하는 사람들에게, 많은 전문가가 이런저런 진단과 해법을 내 놓곤 한다. 이는 모두 전문가의 풍부한 지식과 임상 경험에서 나온 것이므로, 매우 유용하며 새겨들을 만하다.

고통이 내게
알려 준 것들

그러나 진단과 해법만큼이나 중요한 것이 있다면, 그것은 바로 '공감'일 것이다. 인생에서 정말 힘든 상황을 맞았을 때 이것을 혼자 극복하는 것은 사실상 거의 불가능하다. 만약 혼자서 극복할 수 있었다면, 그 사람은 매우 운이 좋거나 혹은 그 사람이 진정 힘든 상황에 처한 것은 아닐 가능성이 더 크다.

학교 폭력 피해를 당한 학생에게 제일 먼저 필요한 것은 부모님이나 선생님의 개입도, 가해 학생들에 대한 특단의 조치도 아니다. 그것은 바로 단 한 명의 친구다. 한 명의 친구가 생기는 바로 그 순간부터 그 학생은 더 이상 '왕따'가 아니기 때문이다.

나는 괴로움 속을 허우적대며, 내 고민을 누군가에게 반드시 이야기해야만 한다는 사실을 절실히 깨달았다. 힘겨울 때 고립감, 외로움까지 느끼게 되면 심리적으로 매우 위험한 상황을 맞을 수 있다는 것을 알게 된 것이다. 고민을 들어줄 누군가는 내게 도움을 줄 수 있는 사람이어야 한다. 그러나 그에 앞서 무엇보다 나의 고민에 대해 공감하며 따뜻하게 손을 내밀어 줄 수 있는 사람이어야 한다.

나는 나를 찾아온 이들에게 내가 과연 그런 존재였는지 되돌아보게 됐다. 병에 걸려 봐야 그 병을 잘 고치는 건 아니지만, 확실히 치료자로서 예전의 나와 지금의 나는 많이 달라졌음을 절감한다. 그것이 다행인지, 불행인지 몰라도. 어쨌든 나는 이제 나를 찾은 이들에게 최소한 이렇게 말할 수 있다.

"저도 그 병, 잘 알아요."

고통이 내게
알려 준 것들

불안이 영혼을 잠식하다

2014년 개봉한 영화 〈인터스텔라Interstellar〉에서는 '시간의 왜곡' 현상이 흥미롭게 그려진다. 가까운 미래, 기후 변화로 인해 더는 인류가 생존하기 어려워지자 쿠퍼는 새로운 지구를 찾기 위해 '성운 간Interstellar' 여행을 떠난다. 그리고 마침내 그가 지구로 돌아왔을 때, 지구에 살고 있던 그의 딸은 이미 노인이 되어 버려 아버지보다 먼저 숨을 거두고 만다. 이동하는 물체의 속도가 빨라지면 시간이 더디게 흘러간다는, 상대성 이론의 핵심을 정확하게 반영한 장면이다.

평소 실생활에서 전혀 경험할 일 없는 이 상대성 이론이 정말로 피부에 와 닿을 때가 있다. 바로 우울증을 앓을 때다. 우울증 환자들은 실제로 이 영화에서와 같은 시간의 왜곡, 더 정확히 표현하면 주관적인 시간 경험의 변화를 겪는다. 나 역시 예외는 아니었다.

쏜살같이 지나가는
하루

통증이 찾아오기 전, 내가 가장 싫어했던 것 중 하나는 바로 컴퓨터 윈도의 모래시계였다. 나는 작업이 처리되기까지의 10초 남짓한 시간을 견디지 못하고 끊임없이 마우스 버튼을 재깍재깍 눌러 댔다. 일이 바쁠 때는 컴퓨터 화면을 보면서 욕을 하기도 했다. 매일 두세 번의 회의나 약속을 소화해야만 했기에, 나는 늘 시간 부족에 시달릴 수밖에 없었다. 답답한 것, 지루한 것, 반복되는 것을 싫어하고 참지 못하는 것도 무리는 아니었다.

'아무것도 하지 않고, 그냥 딱 며칠 동안 먹고 자는 것만 해 봤으면……'

고통이 내게
알려 준 것들

늘 이런 생각뿐이었다. 그리고 아이러니하게도, 마침내 병을 얻게 되면서 이 소원을 이루게 됐다.

종일 누워 있으면서 아무것도 하지 않는 생활은 분명 지루하고 답답한 것이어야 했다. 그러나 나는 전혀 지겨움을 느낄 수 없었다. 눈을 뜨면 하루가 시작되었고, 이래저래 시간을 보내다 보면 어느 순간 하루가 눈 깜빡할 사이에 지나가 있었다.

"여보, 심심하지 않아요? 어차피 누워서 꼼짝도 못 하는데, 책이라도 봐요. TV를 보든지요."

아내는 걱정스러운 눈길로 내게 이런저런 권유를 했지만, 나는 그것을 받아들이지 않았다. 책을 읽기는커녕 TV조차 전혀 보지 않았던 것이다. 그야말로 아무것도 하지 않았음에도 시간은 쏜살같이 흘러갔다. 나의 생체 시계가 우울증으로 인해 느려지면서 나타난 현상으로, 전문 용어로는 이를 '정신운동활성지연psychomotor retardation'이라고 한다.

우리 몸에는 일종의 '생체 시계biological clock'가 존재한다. 시계를 맞추어 놓지 않더라도 매일 비슷한 시간에 잠에서 깨게 되는 것, 여성의 생리 주기가 대체로 일정한 것 모두 바로 이 생체 시계 때문이다. 생체 시계의 하루는 25시간으로, 실제 우리가 하루로 계산하는 24시간보다 느리다. 따라서 빛을 통해 외부의 실제 시간과 우리 몸속 생체 시계의 시간을 맞추는 작업이 자동적으로 일어나게 된다.

그런데 우울증에 걸리면 이 생체 시계가 교란되어, 상대적으로 외부의 시간이 빨리 흘러가는 것처럼 느껴진다. 마치 고속도로에서 시속 100킬로미터로 달리다가 속도를 시속 30킬로미터로 늦추면, 시속 100킬로미터로 달리는 다른 자동차들이 엄청나게 빠른 속도로 내 주변을 스쳐 지나가는 것처럼 느껴지는 것과 같은 원리다(참고로, 이것과 정반대 현상이 바로 '조증'의 '정신운동활성증가psychomotor activation'이다. 이는 마치 자신의 차를 갑자기 시속 100킬로미터에서 150킬로미터로 빨리 몰게 되면, 정속 주행 중인 다른 차가 무척 느리고 답답하게 느껴지는 것과 같다. 그래서 조증 환자들이 다른 사람을 보면서 답답하다고 짜증을 내고 화를 내는 것이다).

이러지도 저러지도
못할 때

나는 종일 누워 있다가 식사를 할 때에만 간신히 일어났다.

고통이 내게
알려 준 것들

그나마 식사도 선 채로 해야 했다. 이런 생활이 3주째로 접어들자, 내 머릿속은 텅 비어 가고 있었다. 시간의 흐름조차 느낄 수 없었다. 물론 4주간 절대 안정을 취하라는 전문가의 지시를 받았던 터라, 나는 내가 우울해진 것이 일시적인 현상일 뿐이고 4주가 지나 통증이 사라지면 모든 것이 정상화되리라는 기대를 아직 저버리지 않고 있었다.

하지만 변화 없는 하루하루가 지속되면서, 나는 정신적인 상태뿐 아니라 육체적인 상태에도 문제가 생기기 시작했다.

'더 이상 이대로는 안 돼.'

결국 이런 식의 치료 아닌 치료에 의구심이 생긴 나는 정형외과나 신경외과를 전공한 친구들에게 전화를 해 자문을 구했다. 비록 시원한 해답을 얻지는 못했지만, 대체적인 의견이 무엇인지는 알 수 있었다. 바로 장시간의 절대 안정은 '과거의 방법'이며, 그로 인해 근육이 위축되어 오히려 해로울 수 있다는 것이었다. 이는 내가 직접 찾아본 자료와 논문 등의 결론과도 일치했다.

하지만 3주 동안이나 지속해 온 절대 안정 방식의 치료를 그만두기란 쉽지 않았다. 무려 40여 년간 윗사람이나 전문가의 지시를 쉽게 거역하지 못하는 모범생으로 살아온 내 성격

탓도 있었고, 지난 3주간 온갖 고생을 하며 보낸 시간이 너무 아까웠던 탓도 있었다. 이렇게 본전 생각에 집착하게 되면 결국 상황을 악화시키게 마련인데, 지금 생각해도 내가 참 어리석었다.

결국 나는 절대 안정 방식을 버리지 못하고 계속 유지하면서, 한편으로는 내가 선택한 이 치료 방식에 대해 의구심만 잔뜩 키우고 말았다.

점점 더 불안해지고 또 우울해졌다. 부정적인 생각은 또 다른 부정적인 생각을 낳으며, 최악의 결과만을 떠올리게 만들었다. 그러다 이렇게 괴롭게 지내느니 차라리 죽는 게 낫지 않을까 하는 생각마저 가끔씩 머릿속을 스치는 지경에까지 이르게 되었다.

고통이 내게
알려 준 것들

결국, 죽음을 생각하다

불안 속에 계속해서 절대 안정을 취하고 있던 어느 날, 나는 생일을 맞이하게 되었다. 아내는 미역국과 불고기 등 평소 내가 좋아하는 음식들을 푸짐하게 만들어 정성 가득한 생일상을 차려 주었다. 나는 평소처럼 식탁에 앉지도 못한 채, 서 있는 상태로 미역국을 몇 숟가락 떠먹었다. 맛있었다. 아내에게 고맙고 또 고마웠다.

그러나 종일 누워 있다가 허리 보호대를 차고 일어나 선 채로 미역국을 먹는 것 자체가 썩 유쾌한 경험은 아니었다. 게다가 자세가 불편하다 보니, 실수로 미역국을 흘리고 말았다. 떨어진 국물은 허리 보호대에 진한 자국을 남겼다. 나는 그때부터 불끈 짜증이 나기 시작했다.

"왜 이런 쓸데없는 짓을 하고 그래? 내가 지금 생일상 받을 상황이야?"

순식간에 집안 분위기가 얼어붙었다. 아내도, 아이들도, 나도, 우리 가족 중 누구도 다음 말을 잇지 못했다. 몹시 불편한 침묵 속에서 우리 가족은 묵묵히 밥을 먹었다.

그리고 잠시 후, 유치원에 다니는 둘째 아들이 자기가 직접 골랐다면서 케이크를 식탁에 올렸다. 케이크에 촛불을 켜고 가족들이 생일 축하 노래를 부르는데, 가슴속에서 무언가 울컥하는 감정이 차올랐다.

"우리 아빠, 빨리 낫게 해 주세요."

아이들은 자그마한 두 손을 꼭 모은 채, 촛불을 끄며 이렇게 소원을 빌었다. 그 말을 듣자마자 내 두 눈에서는 뜨거운 눈물이 솟구쳤다. 그러나 아이들에게 아빠의 눈물을 보여 주고 싶지 않다는 생각에, 나는 흐르는 눈물을 힘겹게 꾹꾹 눌렀다.

고통이 내게
알려 준 것들

자살이 답이라고
생각했다

그날 밤, 가족들이 모두 잠든 새벽 두 시쯤 나는 잠에서 깨어 혼자 거울 앞에 섰다. 당시는 8월, 여름의 한가운데였는데도 며칠째 머리를 감지 않아 지저분한 남자가 거울 속에서 나를 쳐다보고 있었다. 그 남자는 몹시 지치고 우울해 보였고, 찡그린 얼굴은 나이보다 훨씬 늙어 보였다. 입맛이 떨어져 몇 주째 제대로 먹지 않은 데다가 계속 누워만 있던 탓에 그렇지 않아도 가느다란 팔과 다리는 앙상한 나뭇가지 같았다. 이와 대조적으로 복부는 내장 비만 때문인지 볼록하게 나와 있었다. 마치 한 마리의 거미 같았다.

갑자기 나 자신에 대한 연민이 복받치면서 저녁 식사 때 간신히 참았던 눈물이 왈칵 쏟아지기 시작했다. 지금 이 몸 상태로는 수술을 한다고 하더라도 회복되지 않을 것이라는 비극적인 생각이 들었다. 생일상을 차려 준 아내와, 아버지를 낫게 해 달라고 기도하던 아이들의 얼굴이 떠올랐다. 뒤이어 그들에게 했던 내 말과 행동이 떠오르면서, 미안함과 후회스러움이 가슴을 쳤다.

죽고 싶은
사람은 없다

나는 나의 존재가 가족들에게 아무런 도움이 되지 않는다고 느꼈고, 차라리 내가 사라지는 게 가족들에게 좋을 것이라는 끔찍한 생각을 하고 말았다.

그렇다.
난 죽기로 했다.

정말 죽겠다고 결심하니, 뜻밖에도 기운이 났다. 하지만 아빠가 스스로 목숨을 끊었다는 것은 아이들에게 심리적으로 좋지 않은 영향을 줄 것이란 생각에, 나는 나의 죽음을 자살이 아닌 사고사처럼 보이도록 해야겠다고 마음먹었다.

내 계획은 이랬다. 나의 죽음을 음주 운전으로 인한 교통사고로 위장하기 위해, 집 앞 편의점에서 소주 두 병을 사서 일부는 마시고 일부는 술 냄새가 나도록 옷에 뿌린 후 빈 병은 차 안에 둔다. 그러고는 차를 몰고 나가 집 근처의 인적 드문 고가 도로로 가서 전속력으로 난간을 들이받고 난간 아래로 차와 함께 추락한다. 당연히 유서는 없다.

죽을 계획을 세우고 나니, 마음이 편해졌다. 놀랍게도 홀가분하고 약간 기뻐지는 것 같기도 했다.

고통이 내게
알려 준 것들

외출을 위해 옷을 갈아입고, 휴대전화의 시계를 봤다.

2012년 8월 2일 새벽 3시 43분.

모두가 깊이 잠에 빠져 있는 시간이다. 죽기에 딱 알맞다. 나는 크게 숨을 몰아쉬고, 자동차 열쇠를 찾기 시작했다.

그런데 황당하게도, 자동차 열쇠가 없었다. 늘 열쇠를 놓아두던 거실의 바구니와 내 가방, 그 어디에서도 자동차 열쇠는 보이지 않았다. 그렇게 한참 동안 집안 여기저기를 뒤지고 다니다가, 작은 방에서 엄마와 함께 잠든 아이들의 얼굴을 보게되었다.

이내 참았던 눈물이 다시 쏟아졌다. 그렇게 나는 자살을 하려던 생각을 포기했다.

죽음의 위기를
넘기며

자살은 '자살 생각' '자살 계획' '자살 시도'의 3단계를 거쳐

죽고 싶은
사람은 없다

일어나게 된다. 일반적으로 '자살 생각'의 시기가 가장 길고, 이 단계를 경험하는 사람들의 수도 많다. 삶의 힘겨움으로 인해 살아가면서 한 번쯤 죽음을 생각하게 되는 비율은 대략 전체 인구의 20퍼센트 정도나 된다. 그러나 그 구체적인 방법까지 고민하게 되는 '자살 계획' 단계로 나아가는 사람의 수는 그보다 훨씬 적다.

'자살 계획'에서 실제 '자살 시도'로 이어지는 과정에는 매우 다양한 변수들이 작용한다.

"만약 내가 죽으려고 대문 밖을 나섰을 때 날씨가 조금만 더 추웠더라면, 저는 한강으로 가지 않고 그대로 집으로 들어갔을 거예요."

한강에 투신했다가 119 구조대의 도움으로 목숨을 건진 후 응급실에 오셨던 어떤 분은 이렇게 말하기도 했다.

한 가지, 무수한 변수 가운데에서도 분명한 사실이 있다. 자살로 이어지는 각각의 단계에서 다음 단계로의 진행 가능성을 키우는 확실한 요인이 바로 '우울증'이고, '음주'는 충동성을 강화해 막연한 수준에 머물러 있던 자살 생각과 계획을 실제 행동으로 이끄는 흔한 요인이라는 것이다. 실제로, 자살을 시도해 응급실에 내원한 사람 중 50퍼센트 이상이 자살 시도 시

음주 상태였다는 조사 결과도 있다.

그때 내가 자살을 시도하지 않았던 것이 자동차 열쇠를 찾지 못했기 때문인지, 술을 마시지 않았기 때문인지, 아내와 아이들의 얼굴을 보았기 때문인지는 아직도 잘 모르겠다. 하지만 자살 시도로 이어지는 과정에서 만난 여러 변수가 나의 죽음을 가로막은 것만은 분명해 보인다.

그렇게, 나는 첫 번째 위기를 넘길 수 있었다.

죽고 싶은
사람은 없다

'정말 죽고 싶다'는 말의 의미

"죽고 싶다."

살다 보면 우리는 한 번쯤 자기도 모르게 이런 말을 툭 던지곤 한다. 대부분의 경우, 이는 "지금 너무 힘들다"는 말의 은유적인 표현이지만, 실제로 진지하게 이런 생각을 하는 사람들도 많다. 정신건강 전문의인 나는 당연히 삶을 포기하려고 했던, 바꿔 말해 자살을 시도했던 많은 사람을 만났다.

보통, 그들에게 도움을 주기 위한 나의 시도는 성과가 있었다. 나는 많은 사람을 구할 수 있었다. 하지만 너무나 가슴 아프게도, 나의 시도가 모두 성공하는 것은 아니었다. 불과 며칠

전, 나와 진료실에서 편안하게 이야기를 나눴던 사람이 자살했다는 소식을 듣게 될 때면, 나는 상당한 심리적 고통을 겪을 수밖에 없었다. 이는 내가 의사가 되고 한참 시간이 지나 많은 경험이 쌓인 이후에도 변하지 않는 사실이었다.

많은 연구에도 불구하고, 인간의 자살을 예측할 수 있는 방법은 아직 개발되지 않았다. 어떤 사람들은 스스로 죽겠다는 사람을 어찌 막을 수 있겠느냐는 말을 하기도 한다. 유명인이 자살 시도를 했다는 내용의 기사를 보면, 그의 아주 가까운 주변 사람조차 사건이 일어나기 전까지 그럴 기미를 전혀 눈치채지 못했다고 말하는 일도 흔하다.

하지만 그것은 사실이 아니다. 자살을 시도하는 사람들 가운데 절대 다수는 그 전에 반드시 주변 사람들에게 구조 신호를 보내게 되어 있다. 단지 우리가 그러한 신호를 발견하지 못할 뿐이다.

자살을 시도하는 사람들이 죽음을 원하는 것일까?

그들은 정말로 죽고 싶어 할까?

대답은 물론 "그렇지 않다"이다. 마치 끝이 보이지 않는 깜깜한 터널 속에 며칠째 갇혀 있는 것처럼 돌파구가 보이지 않는 힘겹고 고통스러운 상황에 처했을 때, 사람들은 절망에서 벗어나기 위한 유일한 방법으로 자연스럽게 '죽음'을 떠올린다. 그 '떠올림'만으로도 죽음이 무척이나 가깝게 느껴진다. 죽음이야말로 고통을 없애 주는 가장 좋은 대안이란 믿음이 점차 강화되는 것이다.

결국, 사람들은 고통스러운 상황을 벗어나길 간절히 바라며, 그것에서 벗어날 방법이 없다고 느낄 때 자살을 시도하는 것일 뿐이다. 결코 죽음 그 자체를 원하는 것이 아니다.

점점 더 깊은
절망 속으로

나 역시도 마찬가지였다. 첫 번째 자살 위기 이후, 나는 심한 우울증을 앓으며 '죽고 싶다'는 생각에 사로잡혔다. 미국으로 힘겹게 연수를 떠나고 나서도, 나는 눈을 뜨는 것과 동시에 시작되는 이상 감각, 즉 때로는 시리고 저리고 누군가가 잡아당기는 듯하다가 때로는 송곳으로 찔리는 듯한 날카로운 통증

고통이 내게
알려 준 것들

에 시달려야 했다. 그로 인해 아무것도 할 수 없었던 것은 물론이다. 가족과의 여행도, 미국 대학으로의 정상적인 출근도, 어디에나 있는 드넓은 잔디밭에서 아이들과 함께 하는 축구도……. 그 어떤 것도 불가능했다.

연수하러 온 미국 대학 측에 양해를 구하고 출근하는 날을 최소한으로 줄인 다음, 치료를 위해 할 수 있는 모든 방법을 시도해 보았다. 심지어 한국인이 운영하는 미국 내 한의원을 찾아가 침을 맞기도 했다. 냉정할 정도로 객관적이고 과학적인 사고에 근거해 의학적 판단을 내리는 훈련을 받아 왔고, 내가 가르치는 의과 대학생과 전공의들에게도 늘 이러한 면을 강조해 왔던 내가 장모님이 보내 주신 한약을 먹고 한의원에 가서 침을 맞는다는 것은 정말 상상조차 할 수 없는 일이었다.

그러나 그것이 끝이 아니었다. 한방 치료뿐 아니라, 카이로프랙틱chiropractic(근골격계에 자극을 주어 통증을 관리하는 수기 치료법의 일종. 국내에서는 공인되지 않은 방법이다), 운동 치료, 가바펜틴gabapentin(신경성 통증과 뇌전증을 앓는 환자에게 처방하는 약)을 비롯한 처방 약의 복용 등 할 수 있는 모든 방법을 함께 시도했다. 의과 대학 시절 열렬한 유물론자이자 무신론자였던 내가 샌디에이고의 한인 성당에 나가 세례를 받고 열심히 기

죽고 싶은
사람은 없다

도를 하기도 했다. 하지만 그 어떤 것도 내게는 도움이 되지 않았다.

나아질 것이라는 기대와 새로운 치료법의 실패가 반복되는 과정을 6개월 이상 겪으면서, 비로소 비수술적 방법으로는 증상의 개선이 불가능하다는 결론을 내리게 됐다. 2013년 1월, 나는 가족을 미국에 두고 혼자 귀국하여 수술을 받기로 결심했다. LA 공항에서 인천까지 날아오는 비행기 안에서, 나는 항공기 이착륙 시간과 기내에서 제공되는 식사 시간을 제외한 거의 열한 시간 동안을 내내 서 있어야만 했다.

그리고 유난히 추웠던 겨울, 수술을 받았다.

속옷조차 입지 않고 들어가야 하는 수술실이 정말 춥다고 느낀 것도 잠시, 마취제가 몸에 돌기 시작하면서 나는 깊은 잠에 빠져 들었다. 그러고 나서 마침내 깨어났을 때는 나이 든 어머니께서 걱정스러운 얼굴로 내 옆을 지키고 계셨다.

수술이 나를 구원해 줄 것이라는 일말의 기대와 달리, 나는 수술 후 두 달이 지나 가족들이 기다리는 미국으로 돌아간 후에도, 그로부터 6개월이 지나 한국으로 돌아온 후에도, 아무것도 달라지지 않았다. 엄밀히 말하자면, 상황은 오히려 더 악화되었다.

수술 후에도 계속되는 증상에 새롭게 나타난 증상까지 더해지자, 나는 절망에 빠졌다. 직장에서는 몇 년째 내가 계속 아프다는 것을 반기지 않는 것 같았다. 나는 사람들을 피하게 되었다. 친구들과의 모임에도, 동료 의사들과의 학회 모임에도 나가지 않았다. 아니, 나갈 수 없었다. 모두들 "이제 허리는 어때?"라고 물어보는데, 3년이 되어 가는데도 계속 아프다고, 사실 이전보다 더 상태가 좋지 않다고 말하기 싫었다.

사람들을 피하며 지낸 지 몇 달이 지나자, 나를 찾는 사람들의 숫자는 현저히 줄어들었다.

마음의
진짜 정체

그러다가 어느 날부터인가 이유를 알 수는 없지만, 육체적 고통이 많이 줄어드는 날이 가끔씩 생겼다. 그러자 거짓말처럼 기분이 좋아졌다. 운동을 하기 위해 새로운 운동화를 사기도 하고, 미뤄 놓았던 논문 작업을 다시 시작하기도 했다. 주변 사람들과 웃으며 농담을 주고받기도 했다.

죽고 싶은
사람은 없다

하지만 문제가 해결된 것은 아니었다. 며칠이 지나자, 또다시 이전과 동일한 고통이 찾아왔고 나는 거짓말처럼 다시 좌절하게 되었다. 조금 덜 아플 때 기분이 좋아져서 모임 약속을 하고 각종 강의나 회의 참석을 수락했다가 다시 많이 아파지면 미안하다는 말과 함께 약속을 취소하는 과정을 몇 번 되풀이하면서, 나는 오히려 더 큰 절망감과 실패감을 경험할 수밖에 없었다.

바쁜 사람들이 어렵게 시간을 내어 잡은 회의나 모임에 "도저히 참석할 수 없으니 양해를 구한다"는 내용의 메일, 전화 혹은 문자 메시지를 보내고 일찍 집에 들어온 날이면 그야말로 몸도 마음도 엉망이 되어 버렸다. 이후 며칠을 더 우울해진 상태로 지내면서, 그저 언젠가 조금 덜 아픈 시기가 오기만을 기다리는 무력해진 자기 자신을 발견했고, 그러다 보면 '이렇게 사느니 차라리 죽는 게 낫지 않을까' 하는 생각에 또다시 사로잡히곤 했다.

하지만 이런 과정을 한 해, 두 해 겪으면서 나는 분명히 배울 수 있었다.

내가 통제하거나 예측할 수 없는 외부의 무언가가 있을 때 그것에 따라 행동을 결정할 경우, 나의 생활 자체가 스스로도

고통이 내게
알려 준 것들

예측 불가능해질 수밖에 없다는 것이다. 상황이 좋지 않을수록, 미래를 예측하기 힘들수록, 오히려 자기 생활을 규칙적으로 잘 유지할 수 있어야 한다. 약속과 계획은 신중하게 잡고, 한번 무언가를 하기로 결정하고 나면 가능한 한 바꾸지 말아야 한다는 것이다.

이제 나는 '루틴routine'을 유지하려고 노력한다.
루틴이란 어떤 일을 하기 전, 반복하는 늘 똑같은 행동이다.

나는 매일 아침 여섯 시에 일어난다. 잠자리에서 일어나면 차가운 물을 한 잔 마시는 것으로 나의 몸에 새로운 아침이 시작되었음을 알린다. 그 후 잠시 의자에 앉아 눈을 감고 통증이 있는 곳을 비롯해 나의 몸 상태를 점검한다. 이것은 '신체 탐색body scan'이라는 명상의 한 형태이다. 곧 상태가 좋지 않은 부위 위주로 스트레칭을 하고, 바나나나 빵으로 간단히 요기를 한 후 병원으로 출근한다.

주말에는 늦잠을 자곤 하는 가족들을 위해, 늘 같은 시간에 일어나는 내가 직접 아침 식사를 준비한다. 그 덕에 매주 금요일 저녁이면 설레는 마음으로 '이번 주말 아침에는 아이들에게 무엇을 해 줄까?' 하는 기분 좋은 고민을 한다. 모임이나 회의 약속은 가능한 한 잡지 않지만, 참석하기로 한 모임은 힘들어도 꼭 참석한다. 이렇게 많이 아픈 날도 그렇지 않은 날도 매일 똑같은 방식으로 시작하고 마무리하는 것을 하루하루, 한 주 한 주 되풀이하면서, 나는 조금씩 나의 생활을 통제 가능한 범위로 들일 수 있게 되었다.

비록 활동 범위가 좁아지고 행동반경이 많이 줄긴 했지만, 일상이 안정되고부터는 '죽음에 대한 생각'이 점차 사그라지고 그 자리를 '현재가 소중하다는 생각(지금 내가 영위하고 있는 일상을 어느 순간 유지하지 못하게 될 것에 대한 두려움을 포함한)'이 대체해 가는 것을 조금씩 깨달을 수 있었다.

요즘 나는 분명히 느낀다. 살면서 위기를 겪게 되면 누구나 한 번쯤 자살 생각을 할 수 있지만, 이는 죽음 자체에 대한 갈구가 아니라 삶의 괴로움을 더는 견디기 힘들다고 느끼는 상황에서 필연적으로 경험하게 되는 우울감이 만들어 낸 것일 가능성이 훨씬 크다는 점을. 그러므로 그 우울감을 다스릴 수 있다면, 자살 생각 역시 지나갈 수 있다는 것을. 내 마음이 진짜 죽음을 원하는 것은 아니라는 사실을.

통증은 피할 수 없지만,
절망은 선택할 수 있다

"정말로 죄송하지만, 환자분께는 제가 더 해 드릴 수 있는 게 없습니다."

언젠가 내가 환자와 보호자에게 했던 말이다. 그때는 그 말의 의미를 몰랐다. 나는 그야말로 할 수 있는 치료는 다 했다는 생각에 꺼낸 사실 그대로의 말이었지만, 환자 입장에서는 그 말이 마지막 희망의 끈을 잘라 버리는 사형 선고와도 같았을 것이다.

그때 그분들이 느꼈을 감정을 내가 직접 느끼게 됐을 때, 나는 나를 치료했던 의사들을 미워하기 시작했다.

고통이 삶의 전부로
느껴질 때

발병하고 난 후 약 2년이 지난 어느 가을의 새벽, 나는 잠을 자다가 발바닥 전체를 220볼트의 전기로 지지는 듯한 통증을 느끼고는 잠에서 깼다. 괴로웠다. 몹시 괴로웠다. 고통이라는 괴물에 몇 년간 쫓겨 다니다가 마침내 막다른 골목에 이른 것 같았다.

'도대체 어쩌란 말인가? 도대체 어떻게 살란 말인가? 신이 있다면 도대체 어떻게 이럴 수가 있는가? 무엇을 잘못했다고 내게 이러는 것인가?'

그러다 문득 이런 생각이 들었다.

'이대로 못 살겠다면 어쩌자는 것인가? 죽겠다는 것인가? 그럼 죽을 것인가? 지금 이 상황이 과연 최악인가?'

우리 삶에서 고통은 그 형태가 다를 뿐 늘 가까이에 있다. 그것은 육체적 고통일 수도 있지만, 정신적인 고통일 때가 많다. 안타깝게도 벗어나지 못할 고통은, 그것에서 벗어나려 하면 할수록 오히려 그 크기가 더 커지고 만다.

사라지지 않는 고통이 사라지기를 바랄 때, 우리는 역설적으로 그것에 매달리게 된다. 결국 고통은 우리 삶의 모든 부분에 영향을 주기 시작한다. 친구들을 만나지 않게 되고, 평소 좋아하는 드라마나 야구 중계를 보지 않게 된다. 가족과의 대화는 점차 줄어들고, 가족들의 애정 어린 관심에 자신도 모르게 가시 돋친 짜증으로 대응하게 된다.

그 후, 찾아오는 것은 자신의 행동에 대한 후회뿐이지만, 이러한 과정은 상대를 가리지 않고 계속 되풀이된다. 마침내 주변에 사람이 거의 남아 있지 않게 되면서, 전화를 걸어 힘들다는 이야기를 건넬 친구조차 마땅치 않게 되는 지경에 이른다. 이 정도 상황이 되면, 가족들에게조차 상처 주는 말과 행동을 하게 된다. 그러고 나면 자기 자신이 초라하게 느껴지고, 스스로를 미워하며 자책하게 된다. 그리고 이 모든 상황의 원인이 고통(그것이 육체적인 것이든 정신적인 것이든) 때문이라고 생각하며, 다시 그것에 집착하게 되는 악순환에 빠지고 만다.

이런 상태가 지속되면, 모든 것이 사라지고 마침내 지구상에 고통과 나만이 남은 것 같은 느낌이 든다. 그동안 내 인생에 있었던 소중한 추억들, 자랑스러운 성취, 소박한 승리의 경험 등은 모두 잊은 채, 오로지 현재의 고통에서 벗어나는 방법으로 죽음만을 떠올리게 된다.

죽고 싶은
사람은 없다

삶의 아름다운
조각들

그러나 이렇게 생각해 보자. 고통이라는 것이 하루 24시간 내내 존재하는 것은 아니다. 고통이 있다고 해서 삶이 모두 괴로운 것도 아니다. 그렇다면, 벗어나지 못할 고통이라는 것을 알았을 때 그것을 받아들이는 것 외에 대안이 있을까?

물론 그것이 쉬운 일은 아니다. 게다가 그렇게 하기까지, 대부분의 사람은 상당한 시간을 필요로 한다. 하지만 고통을 받아들이는 순간, 이야기는 극적으로 달라진다. 고통은 그냥 거기에 있는 것이며, 내게는 삶의 다른 부분들도 존재한다는 것을 느끼게 된다. 또한 '고통을 받아들였다'는 것은 '고통을 즐기게 되었다'는 것이 아니라, 단지 '고통이 우리 삶에 주는 영향을 줄이게 되었다'는 것이란 사실을 깨닫게 된다.

고통에 몸부림치던 그날 새벽, '죽을 것인가, 말 것인가'를 고민하던 내게 문득 답을 알려 주기라도 하듯이 내 머릿속에는 어느 봄날의 한 장면이 떠올랐다.

따뜻한 봄바람이 부드럽게 불던 그날, 나는 작은아들과 우리 아파트 근처를 산책하고 있었다. 곱디고운 벚꽃 잎들이 살

랑거리는 봄바람에 꽃비가 되어 떨어졌다. 일곱 살 난 작은아들 녀석은 그 꽃잎을 잡으러 이리저리 망아지처럼 뛰어다녔다.

그렇게 하길 몇 분. 녀석은 꽃잎 하나를 겨우 잡은 다음, 작은 두 손으로 그 꽃잎을 꼭 쥐더니 눈을 감고 중얼거렸다. 그러고는 나에게 다가와 그 꽃잎을 살며시 쥐여 주었다.

"아빠, 떨어지는 꽃잎을 잡으면 소원이 이루어진대. 내가 아빠 빨리 낫게 해 달라고 소원을 빌었으니까, 이 꽃잎 잃어버리면 안 돼."

그 말이 채 끝나기도 전에, 이 꼬마는 또 다른 꽃잎을 잡으러 뛰어갔다.

"고통이 나를 지배하게 해선 안 된다."

그때 아들이 했던 이야기가 떠오르자, 나도 모르게 이 말이 입 밖으로 흘러 나왔다.

고통은 끊임없이 자신을 보아 달라고 요구한다. 하지만 그것을 보면 볼수록 우리는 더 괴로워진다. 눈을 돌려 내 삶의 다른 부분들을 살펴보면, 오랜만에 청소를 하다가 책상 서랍 구석에서 우연히 발견한 만 원짜리 지폐처럼 잊고 지내던 삶의 작지만 긍정적인 부분들이 있음을 알 수 있다. 고통은 그저 그 자리에 있는 것이며, 나는 그것 말고도 많은 것을 가지고 있는 사람이라는 명백한 사실을 다시금 발견할 수 있다. 어느 책에선가 읽었던 "고통은 피할 수 없지만 괴로움은 선택할 수 있다"는 말의 의미를 나는 그제야 알 것 같았다.

고통이 내게
알려 준 것들

누가 진짜
전문가인가

자신의 힘으로 해결할 수 없는 커다란 곤경, 예를 들어 질병이나 교통사고, 소송 같은 난처한 상황을 처음 맞닥뜨린 사람은 대체로 나를 도와줄 만한 사람부터 찾게 된다. 이때 적당한 도움을 줄 수 있는 사람이 바로 옆에 있다면 매우 좋겠지만, 이러한 행운은 현실에서 쉽게 나타나지 않는 편이다. 오히려 상황을 더 나쁘게 만드는 사람을 만나지나 않으면 다행일 때가 많다.

나는 열아홉 살 때 의과 대학에 입학한 이후로, 환자였던 적이 거의 없었다. 몇 가지 소소한 질병들로 인해 가끔 동료

죽고 싶은
사람은 없다

의사들의 신세를 지긴 했지만, 스스로 환자라고 느낀 적은 불과 몇 년 전까지 단 한 번도 없었다. 그러다 나의 전공 분야가 아닌 부분에 발생한 질병을 치료하기 위해 많은 전문가를 만나게 되면서, 세상의 전문가들은 아래의 네 종류로 구분될 수 있음을 알게 되었다. 나 스스로가 절박한 상황에 처해 봤기에 어려운 상황을 만난 여러분이 있다면, 진정한 문제 해결 능력을 갖춘 전문가를 만나 실질적인 도움을 얻게 되길 진심으로 바라며, 이들에 대해 이야기해 보려고 한다.

• 소少 경험, 무無 이론 전문가

가장 만나서는 안 되는 사람. 전문가 행세를 하고 있지만, 실제로는 아무것도 아닌 사람이다. 곤경에 처한 사람들의 불안과 두려움을 이용하는 나쁜 사람이라 할 수 있다. 이러한 사람들은 자신의 빈약한 경험과 이론을 치장하기 위해 많은 노력을 한다. 발급 기관의 공신력이 의문시되는 정체불명의 자격증이나 사실 여부를 확인하기 어려운 유명인사와의 관계, 방송 출연 등이 이러한 사람들이 자신을 포장하는 주무기다. 매우 빈약한 경험과 이론을 가지고 있어서 자신이 미리 준비한 상황에 변화가 생기면 대안을 제시하기 힘들어한다. 이들

한 번 더
생각해 보기

에게는 상황의 다양한 변화 가능성 및 해법의 효과 여부에 대한 평가 방법, 해법이 효과가 없을 때 그 이유는 무엇이고 그 다음 전략은 무엇인지 등을 질문하면 당황하면서 점점 더 상식에서 벗어난 답변을 하는 경우가 많다.

• 소少 경험, 유有 이론 전문가

문제 상황에 대해 여러 가지 옵션들을 제시해 줄 수는 있으나, 그것이 중요한 결정을 내리는 데 도움이 될 만한 정도는 되지 못한다. 이들은 대개 책임지는 것을 두려워하며, 긴 상담 후 "그래서 어떻게 해야 하나요?"라고 물으면 당황하는 경향이 있다. 예상치 못한 변수가 생겨서 상황이 복잡해지거나 어려워지면, 더 우유부단한 모습을 보이곤 한다.

• 다多 경험, 무無 이론 전문가

상황에 따라 큰 도움이 될 수도, 그 반대일 수도 있는 사람. 자신의 경험을 근거로 말하기 때문에 자신 있어 보이며, 주로 단정적인 어법을 구사한다. 고민을 가진 사람이나 환자들이 이런 전문가에 쉽게 의지하는 편이다. 하지만 공부를 하지 않고 있어 해당 분야의 최신 이론을 잘 모르거나, 이에 대해 들더라도 곧잘 무시한다. 자신의 방법이 구시대적일 수 있음에도 불구하고 보다 나은 새로운 방법들의 단점만을 말하며, 경험에 근거해 자신의 방법대로 따르라고 주장한다. 다행히 이런 전문가의 경험 및 방법이 나에게 잘 맞는다면 큰 도움을 받을 수도 있지만, 그렇지 않으면 결과가 매우 좋지 않을 가능성이 있으므로 상당한 주의가 필요하다.

• 다多 경험, 유有 이론 전문가

가장 바람직한 전문가이다. 하지만 이런 진정한 전문가를 찾는 것은 쉬운 일이 아니며 상당한 노력을 필요로 한다. 이것은 진짜 맛집을 찾아가는 것과 비슷하다. 유명한 맛집이 한식, 양식, 중식, 일식을 모두 제공하지는 않는 것처럼, 진정한 전문가는 대개 자신의 전문 분야가 아닌 것을 잘 모르는 것에 대해서도 당당하며, 자신이 해결할 수 있는 것과 없는 것을 분명한 선을 그어 말한다. 방송에 나온 유명 맛집이 막상 찾아가 보면 뜨내기손님으로만 붐비고 맛은 별로일 때가 있듯이, 언론 매체에 많이 등장했다고 해서 진정한 전문가라고 단정해서는 안 된다. 진정한 전문가는 자신을 억지로 포장하려 하지 않으며 경험에서 우러나온 자신감과 많은 공부에서 기인한 명쾌함을 가지고 있다. 많이 알고 경험이 풍부할수록, 쉽게 설명할 수 있는 능력이 생긴다. 어려운 전문 용어를 사용하기보다는 상대방의 눈높이에 맞추어 복잡한 상황을 쉽게 해석하고, 가능한 대안을 제시한다. 또한 그 대안들의 문제점과, 첫 번째 전략이 실패했을 때 시도해 볼 수 있는 그다음 전략까지 이미 머릿속에 준비되어 있다. 마치 훌륭한 요리사가 사전 준비 없이 냉장고에 있는 재료만으로도 15분 안에 맛있는 요리를 만들어 내는 것처럼, 상황에 맞추어 최선의 대안을 제시할 수 있는 것이다.

　꼭 기억해야 할 것은 진정한 전문가라 하더라도 그 역시 '사람'이며, 선의를 가지고 있어도 실수를 저지를 수 있다는 사실이다. 또한 실수가 없더라도 결과가 좋지 않을 수 있으므로, 선의가 반드시 좋은 결과를 보장해 주는 것은 아니라는 것을 분명히 인식하고 있어야 한다. 전문가는 어려운 상황에서 대안을 제시해 주는 사람일 뿐이며, 결국 책임은 스스로 지게 된다는 것을 명심해야 한다.

죽고 싶은
사람은 없다

2장

남에게
해 주었던 이야기,

이제는 나에게
들려주는 이야기

타인의 이야기가 가르쳐 준 것들

미국에 있는 동안, 나는 내가 연수하고 있던 캘리포니아주립대학University of California, San Diego의 '마음 챙김을 위한 캘리포니아 주립대학 센터UCSD center for mindfulness'가 주최하는 '마음 챙김에 기반한 스트레스 완화Mindfulness Based Stress Reduction, MBSR' 과정의 강사 연수 프로그램에 1주일가량 다녀왔다.

그 당시 내 몸과 정신은 그야말로 최악의 상태였다. 황금 같은 해외 연수 기간 동안 가족을 두고 혼자 한국에 귀국하여 수술을 받은 후 미국으로 돌아갔지만, 오히려 상태는 더 나빠지고 말았다. 그 무렵 나는 거의 매일 죽음을 생각했다. 마음속에, 수술을 하게 되면 모든 것이 좋아질 거라는 막연한 기대가 자리하고 있었던 탓인지, 그 기대만큼이나 절망의 크기도 컸다. 수술 후 아무것도 달라지지 않은 내 모습을 가족들에게 보여 주는 것마저 끔찍하게 싫었다.

죽음을 생각하며 나를 가장 괴롭힌 것은 나의 시신 처리 문제였다. 그 당시의 나에게 죽는다는 것은 별 문제가 아니었지만, 내가 죽고 나면 나의 가족들은 계획보다 빨리 귀국할 것이고, 그때 나의 시신을 한국으로 옮기려 할 것이 분명했다. 하지만 죽은 사람을 관으로 항공 운송하는 것은 그 절차가 매우 복잡할 뿐만 아니라 비용도 많이 들었다. 또 시신이 되어 버린 아빠와 함께 귀국하는 아이들의 마음이 어떨지 생각하니, 차마 그렇게 할 수가 없었다. 최소한 죽더라도 귀국한 다음 죽어야 했다. 바꾸어 말하면 미국에 있는 동안 나는 살아야 했다.

내 삶은
내 뜻대로

우선 고통을 줄여야겠다고 생각했다. 이전에 고통을 줄이

남에게 해 주었던 이야기,
이제는 나에게 들려주는 이야기

려고 시도했던 방법들이 모두 실패했기에, 나는 정말 지푸라기라도 잡는 심정으로 MBSR을 배워보기로 결정했다. MBSR이 우울증과 공황장애 같은 정신과적 질환뿐만 아니라 만성 통증에 효과적이라는 사실은 이미 많은 논문을 통해 확인된 바 있었지만, 나는 아프기 전까진 MBSR은 물론 명상에도 전혀 관심이 없었다.

내가 참여한 프로그램은 MBSR을 가르칠 수 있는 교사를 양성하기 위한 것으로, 아침 일곱 시부터 밤 아홉 시까지 무려 하루 열네 시간 동안이나 지속되는 고된 프로그램이었다. 트레이닝 장소는 조슈아 트리 국립공원Joshua tree national park에 있었는데, 황량한 사막에 조슈아 나무Joshua tree들만 자라고 있는 그런 곳이었다. 조슈아 나무는 선인장과 소나무를 합쳐 놓은 듯한 모습이었다. 방 안에는 TV는 물론 시계도, 라디오도 없었고, 물론 인터넷도 연결되지 않은 상태였다.

어찌 보면 평화롭고, 어찌 보면 적막한 그 공간에서 나는 과연 이번에는 원하던 결과를 얻어낼 수 있을지 자못 기대 반, 걱정 반인 상태로 첫 수업에 들어갔다.

수업은 꽤 인상적이었지만, 곧바로 통증이 줄어들지는 않았다. 나는 수업을 그럭저럭 마치고, 조용히 점심을 먹으러 갔다. 아는 사람이 아무도 없었기에 혼자 앉아 식사를 하는 내게, 금발의 아름다운 여성이 말을 걸어왔다.

"Hey, I will bring you some girl's evergy!"

직역하자면, 이 말은 "안녕, 내가 너에게 여성의 에너지를 줄게"이지만, 실제로는 "이봐요, 나랑 이야기 좀 할래요?" 정도의 의미로 보면 된다.

나는 이런 미녀가 나를 좋아하는 건 아닐까 하는 착각을 잠시 했지만, 알고 보니 그녀는 모든 사람에게 친절했다. 연수 기간 내내 그녀는 모두에게 마치 치어리더처럼 생동감 넘치는 에너지를 전해 주었다.

나중에 알게 된 사실이지만, 그녀의 이름은 백인 여자들이 흔히 쓰는 이름인 제시카, 엠버, 제인 같은 것이 아니라, 처음 듣는 이상한 것이었다. 나는 그녀가 왜 그런 이름을 갖게 되었는지 궁금했지만, 상대의 개인사를 묻는 것은 여간 친한 사이가 아니면 할 수 없는 일이기에 그냥 묻지 않고 있었다. 그러다 연수 마지막 날, 그녀가 먼저 자신의 이름 이야기를 꺼냈다.

"내 이름은 원래 웬디였어요."

'웬디'라는 이름을 듣자, 나는 자연스럽게 미국의 대형 햄버거 체인점 중 하나인 '웬디스Wendy's'를 떠올리게 되었고, 놀랍

남에게 해 주었던 이야기,
이제는 나에게 들려주는 이야기

게도 그녀가 웬디스의 마스코트인 '양갈래로 머리를 땋아 내린 빨강 머리 소녀'와 무척 닮았다는 사실을 깨달았다. 그녀는 내 표정을 보자, 금세 내가 무슨 생각을 하고 있는지 알 것 같다고 했다.

"다른 사람들도 마찬가지예요. 내 이름을 들으면, 바로 그 웬디스의 빨강 머리 소녀를 떠올리죠. 꼭 그것 때문만은 아니지만, 저는 제 이름을 싫어했어요. 그러던 중 저는 결혼을 했다가 이혼하고, 또다시 결혼하게 됐죠. 처음 결혼을 했을 때는 내 성姓이 바뀌는 것에 대해 별다른 생각이 없었어요. 그런데 이혼했다가 재혼하면서 또다시 성이 바뀌는 과정을 겪게 되니까, 도대체 내 이름에서 내가 스스로 선택한 것은 하나도 없다는 생각이 들더라고요. 그래서 '안 되겠다, 내가 싫어하는 이름이라도 내 마음대로 바꿔 보자' 했죠. 이상하게도 그 이후에 삶이 참 편안해졌어요."

그녀는 이야기 마지막에, 현재 자신이 명상과 요가를 가르치는 선생님으로 살고 있으며 스스로 선택한 삶에 만족한다는 말을 덧붙였다.

죽고 싶은
사람은 없다

이 정도면
운이 좋다

그녀 말고도 나는 연수 기간 동안 여러 사람과 어울릴 수 있었다. 그중 텍사스에서 왔다고 밝힌 한 남자는 누가 봐도 그가 텍사스 출신이라는 것을 알아차릴 수 있을 만큼 다부진 체구에 강한 남부 악센트를 사용하는, 카우보이 모자가 잘 어울리는 건장한 백인 남자였다.

"Hey, Buddy!(이보게, 친구!)"

그는 남자 참가자들 모두에게 이렇게 친근한 말을 건네며 어깨를 툭 치곤 했다. 나는 그가 매우 성격이 밝다고 여겼는데, 연수 마지막 날 그는 참가자 중 가장 많은 눈물을 흘렸다.

그는 다리를 심하게 절고 있었으며, 앉은 자세가 무척 불편해 보였다. 당시 나는 바닥에 앉는 좌선 자세로 명상을 하지 못하고 의자에 앉아 있어야 했는데, 그마저도 통증으로 인해 지속하기가 어려워 수시로 일어서서 벽에 기대고 있을 수밖에 없었다. 그는 그런 내게 먼저 다가와 자신의 이야기를 들려주었다.

"저는 대학에서 미식축구를 했습니다. 그러다 허리를 다쳐

척추 수술을 받게 됐죠. 하지만 수술은 잘 되지 않았고, 수술실에서 나온 지 이틀 만에 재수술을 받아야만 했어요. 이후에 더 수술을 받진 않았지만, 다시 걷기 위해서는 1년이라는 시간과 보조기가 필요했습니다. 그때부터 좌절감 탓인지 심하게 우울해지더군요. 매일 술을 마셨어요."

몸의 문제로 마음까지 아프게 되었다는 그의 이야기를 듣자, 남의 이야기가 아니라는 생각에 나는 더욱 귀를 기울이게 되었다.

"처음에는 자포자기 상태였어요. 그런데 어느 날, 내 인생을 이렇게 끝낼 수는 없겠다는 생각이 들더군요. 저는 다시 일어나기로 했습니다. 그렇게 6년이 지나서야 마침내 보조기 없이 걸을 수 있게 됐어요. 물론 다리 일부분은 여전히 감각이 없습니다. 그래도 한때 알코올 중독 환자였던 제가 이제는 재활센터에서 전문 상담사로서 다른 사람들이 알코올 문제를 극복하는 걸 돕고 있으니, 참 멋진 일이죠."

나는 어려움을 극복해 낸 그가 정말 대단해 보였지만, 몸이 불편한 채로 평생을 살아야 하는 괴로움 또한 크지 않을까 싶었다. 너무 재활 기간이 길어 힘들지 않았느냐고, 그 기간을 거쳤는데도 완벽하게 걷지 못하는 게 속상하지 않느냐고 묻는 나에게, 그는 이렇게 말했다.

"누구의 도움도 받지 않고 다시 혼자 걸을 수 있게 될 때까지, 저에게는 아주 많은 시간이 필요했습니다. 하지만 어쨌든 지금은 걷고 있잖아요? 때때로 시간이 아주 많이 필요한 일도 있는 법이죠. 얼마나 다행스러운 일입니까. 저는 운이 좋은 셈이에요."

친절함이 주는
행복

명상 실습을 하던 어느 날이었다. 나는 오래 앉아 있기가 힘들어 나도 모르게 괴로워하는 기색을 내비쳤다. 이를 본 같은 조의 어느 여자분이 유독 가슴 아파하며, 기회가 될 때마다 나를 챙겨주려 애썼다. 그녀는 위스콘신에서 온 50대 중반의 정말 마음씨 착해 보이는 사람이었다.

모든 연수 과정이 끝나고 정든 사람들과 헤어지던 날, 그녀는 나에게 CD 한 장을 건넸다.

"받아요. 내가 마음이 괴로울 때마다 듣는 음악들을 모아

놓은 거예요."

낯선 사람에게 전혀 예상치 못한 호의와 선물을 받은 나는 잠시 당황한 나머지, "당신은 왜 나를 이렇게 친절하게 대하는 겁니까?"라는 어리석은 질문을 던졌다. 그러자 그녀는 마치 성모 마리아 혹은 관세음보살과도 같은 온화한 미소를 지으며 다음과 같이 말했다.

"다른 사람을 친절하게 대하는 것이
  나에게도 행복이 되니까요."

마음속에서 무언가 뜨거운 것이 올라오는 듯한 느낌이 들었다. 자주 통증이 찾아온다는 이유로 가족에게 심한 말을 던지거나 주변 사람들에게 짜증을 부렸던 기억이 떠오르면서, 어쩌면 그때 내가 잠시 부정적인 감정을 누르고 그들을 친절하게 대했더라면 내 상태도 더 나아지지 않았을까 하는 생각이 들었다.

나에게 많은 깨달음을 주었던 연수가 끝나고, 며칠간은 통증이 줄어든 것처럼 느껴졌다. 나는 명상이 답이라는 생각에 샌디에이고 근방의 명상 그룹을 찾아가 1주일에 한 번씩 집단 명상을 했다. 그러나 안타깝게도 시간이 지나면서 모든 것이 원 상태로 돌아가 버렸다.

통증을 감소시키려는 또 한 번의 노력이 물거품으로 돌아 갔다는 사실에, 나는 좌절할 수밖에 없었다. 하지만 1주일간의 연수 기간 동안 만났던 사람들로부터 건네받은 메시지들은 계속해서 내게 큰 울림을 주었다.

누구나 가슴속에 나만의 메시지 하나쯤은 품고 산다. 그 메시지는 나의 인생 전체에 걸쳐 크게 영향을 미친 어떤 사건을 통해 깨달은 바일 가능성이 크다. 특히 고난을 겪어 낸 사람들일수록 그러한 메시지는 더욱더 빛날 수밖에 없다.

타인들의 메시지를 하나하나 듣고 내 가슴에 품는다는 건 가장 주옥같은 지혜를 이식받는 것과 다름없다. 이는 내 삶이 힘들어질 때마다 하나씩 꺼내 되뇌어 보고, 삶의 에너지를 얻을 중요한 자양분으로 삼을 수 있다. 나는 그때 그 황량한 사막에서 반짝이는 지혜를 수십 가지 얻을 수 있었다.

남에게 해 주었던 이야기,
이제는 나에게 들려주는 이야기

불안할수록 원래 계획대로

인생은 선택의 연속이다. 점심으로 짜장면을 먹을지 짬뽕을 먹을지, 입시를 치른 후 어느 대학에 지원할지 결정하는 일부터 결혼할 배우자를 찾는 일에 이르기까지, 우리 삶의 매 순간 선택은 끝도 없이 이어지고 또 이어진다.

선택은 어느 하나를 골라야 하는 일인 동시에, 고르지 않은 다른 것을 버리는 일이기도 하다. 버리는 패가 아깝기도 하고, 내가 고른 패가 내게 도움이 될지 전혀 도움이 되지 않을지 아니면 나쁜 결과를 낳을지도 불확실하다. 그래서 선택은 괴로움을 동반할 때가 많다.

절박한 상황에서
선택을 해야 할 때

문제는 상황이 절박할 때다. 일반적으로 우리 인간은 손실을 피하려는 충동이 무언가를 얻으려는 충동보다 크다는 수많은 연구 결과가 있다. 굳이 이런 연구 결과들을 들먹이지 않더라도 그렇지 않은가. 상황이 느긋하거나 가진 것이 많은 사람들은 큰 변화를 바라지 않으므로, 상대적으로 안전한 선택을 한다. 그러나 상황이 절박하거나 가진 것이 많지 않은 사람들은 잃을 것이 없다는 생각에 상대적으로 위험한 선택을 하게 된다. 즉, 자신이 처한 상황이 최악이라거나 더 나빠질 게 없다고 느끼게 되면, 평소라면 하지 않았을 행동을 하게 될 수도 있다는 것이다.

여기서 중요한 것은 '절박함'이라는 감정 혹은 '지금이 바닥'이라는 생각이다. 이는 모두 불안과 두려움에 지배받는 것으로, 실제 현실과는 상당한 차이를 보일 수 있다. 불안할 때의 우리를 생각해 보자. 불안감이 생겨날수록 우리는 현재의 상황을 부정적으로 파악하고 미래를 어둡게 예견한다. 이는 또다시 우리의 불안감을 더 크게 만드는 악순환을 초래한다.

귀국 후, 통증이 점점 더 심해지자 나 역시 이런 패턴에서 벗어나지 못하고 심각한 고민에 빠지게 되었다.

'일을 그만두어야 하나?'

나는 일반적으로 우울증 환자들에게 아무리 힘들어도 하던 일을 그만두지 말라고 이야기한다. 그것이 길게 보아서는 실제로 치료에 더 도움이 되기 때문이다.

그러나 육체적으로, 정신적으로 너무나 지쳐 있던 나는 내가 과연 이 상태로 환자들을 돌볼 수 있을 것인가 하는 회의에 빠져들었다.

'일을 계속하다가는 점점 더 몸 상태가 나빠질 거야. 그럼 내 우울증도 심해질 거고. 내 마음도 제어하지 못하는 의사가 어떻게 다른 사람의 마음을 다독인단 말인가. 결국 나는 환자에게 도움이 되는 이야기를 해 주지 못할 거야. 그럼 나를 찾는 환자도 없을 것이고, 직장에서도 나를 싫어하게 될 거야.'

생각은 꼬리에 꼬리를 물고 이어져, 나는 아직 나타나지도 않은 부정적인 미래를 마치 기정사실이기라도 한 것처럼 선명하게 그리고 있었다.

'그래, 어차피 그런 상황이 오게 될 텐데 지금 그만두자. 나는 여기까지야. 환자에게도, 대학과 병원에도 민폐만 끼치면

죽고 싶은
사람은 없다

서 보기 흉한 꼴로 밀려나기 전에 스스로 사라지는 게 낫겠어.'

몸도 불편하고 기분도 우울한 내가 이런 생각을 했던 것이 그다지 놀라운 일은 아닐 것이다. 그러나 나처럼 힘겨운 상황에 놓인 이들이 아니어도, 우리는 얼마든지 일상에서 이와 비슷한 경우를 만나곤 한다.

이를테면 이런 것이다. 오랫동안 만나지 못했던 친구들과 수년 만에 모임이 잡혔다. 보고 싶던 친구들을 직접 만날 수 있다니, 며칠 전부터 이 모임이 기다려지고 너무나 설렌다. 그런데 막상 모임 당일이 되자, 기분도 좋지 않고 몸 상태도 나쁜 것 같다. 그냥 만사가 귀찮고, 밖에 나가고 싶지 않다. 그렇다고 둘러댈 만한 핑계조차 마땅치 않다. 결국 이리저리 머리를 굴려 보다가 "에라 모르겠다"를 외치며 약속 장소에 나가지도, 걸려 오는 전화를 받지도 않은 채 집에서 뒹굴거린다.

과연 이렇게 집에 있으면 몸 상태가 나아지고 기분이 좋아질까? 결코 그렇지 않다. 열에 아홉은 오히려 기분이 더 나빠질 것이다. 몸 상태는 내가 약속 장소에 나가지 않은 것을 마치 정당화하기라도 하듯 공연히 더 나빠지는 것 같다. 마음 한편에서는 왠지 친구들에게 미안하다는 생각이 피어나면서 '나는 대체 왜 이 모양일까?'라는 자책감에 기분이 가라앉는다.

남에게 해 주었던 이야기,
이제는 나에게 들려주는 이야기

이는 상대적으로 가벼운 사례이지만, 이보다 더 무거운 상황에서 같은 맥락의 잘못된 선택을 하는 바람에 결과가 나빠지는 경우는 주변에 허다하다. 그러므로 상황이 안 좋을수록 선택은 신중해야 한다.

도저히 어떻게 해야 할지 모르겠다는 생각이 들 때에는 원래의 계획대로 밀고 나가야 한다. 이는 불안 그 자체의 속성 때문이다. 불안은 기본적으로 예측 불가능성 또는 미래에 대한 불확실성에서 나온다. 그런데 역설적으로 불안한 사람들은, 자신의 선택을 자꾸 변경함으로써 미래를 더 예측 불가능하게 만드는 오류를 범하곤 한다. 애매하고 불안한 상황이라면 한번 내린 결정을 자꾸 바꾸기보다는 계획대로 밀고 나가는 편이 훨씬 더 나은데도 말이다. 계획대로 해 보다가 잘 되지 않으면 그때 방향을 바꾸어도 늦지 않다.

첫 번째로 드는 생각을
신뢰할 것

당신이 작은 회사의 영업 담당자라고 해 보자. 회사의 명운을 좌우할 바이어와의 정말 중요한 약속을 앞두고 낯선 장소를 향해 운전을 하고 있다. 낯선 장소를 찾아야 하니 당연히 교통 정보를 실시간으로 반영해 길을 알려 주는 내비게이션을 작동시킨 채 출발했을 것이다.

그런데 약속 시간이 점차 다가오는 상황에서 내비게이션이 알려 준 길에는 차가 너무 많다. 나도 모르게 주변을 두리번거리게 되었는데, 우연히 우측에 골목길이 보인다. 근거는 없지만 그쪽으로 가면 꽉 막힌 이곳을 벗어날 수 있을 것만 같다. 시계를 보니 약속 시간이 얼마 남지 않았다. 약속 시간에 늦었을 때 발생할 상황을 생각해 보니 끔찍하다.

과연 어떻게 할 것인가? 전혀 모르는 길로 빠져나갈 것인가? 아니면 내비게이션을 믿고 그대로 갈 것인가?

이런 경우도 있다. 학창 시절, 객관식 문제가 나열된 시험을 보고 있다. 한 문제가 너무 어렵다. 고심하다 나름대로 문제를 푼 후 3번이라고 적었다. 그러고 나서 다른 문제를 다 푼 다음, 살펴보니 3번 답이 너무 많은 것이다.

고개를 갸웃하다 앞서 고심했던 문제로 돌아가 답을 1번으로 고친다. 그런데 시험이 끝나고 채점해 보니, 그 고심했던 문제의 답은 3번이었다.

남에게 해 주었던 이야기,
이제는 나에게 들려주는 이야기

우리의 뇌는 생각보다 아주 훌륭하다. 결과 예측이 어렵거나 애매한 상황일 때에는 여러 가지 대안들 중 첫 번째로 드는 생각이 가장 나은 선택일 가능성이 크다. 첫 번째로 드는 생각은 뇌가 그 시점까지의 여러 정보들을 근거로 가장 적합하다고 판단한 것이기 때문이다.

내가 일을 그만두는 쪽으로 생각을 굳히고 있을 무렵이었다. 뜨거운 물이 담긴 대야 속에 한쪽 발만 담근 것처럼 발목 아래가 뜨거워지는 이상 감각을 애써 무시하려 노력하면서 가까스로 외래 진료를 보고 있던 어느 날이었다. 구부정한 허리에 지팡이를 짚은 채 벌써 몇 년째 내게 진료를 받으러 오시던 할머니 환자분이 내게 이런 말씀을 해 주셨다.

"선상님, 아프지 마시오잉. 나 죽기 전까지는 아프면 안 돼야."

할머니의 표정에서는 진심이 보였다. 진정으로 나를 걱정해 주고 계심을 절절히 느낄 수 있었다.

그 순간, 나는 자신을 돌아보게 되었다. 나의 환자들이 나와 같은 상황에 처해 직장을 그만두겠다고 한다면, 나는 무엇이라고 할 것인가? 아마 주저 없이 감정이 생각에 영향을 주는 기전에 대해 설명하고, 우울한 감정 상태에서는 단지 현재의 두려움에서 벗어나기 위해 대책 없는 결정을 저지르게 될 가능성이 크니 우울 증상이 개선될 때까지는 결정을 미루라고 조언했을 것이다.

환자들에게 해 주던 그 이야기가 바로 지금 나에게 필요한 이야기였다. 나는 힘들지만 조금 더 버텨 보기로 했다.

내 선택은 옳았다. 놀랍게도 현재의 나를 지탱하고 있는 것은 내 환자들이다. 그분들은 자신의 다양한 삶의 이야기를 내 작은 진료실로 가지고 온다. 어떤 이야기는 너무나 놀랍고 충격적이어서 차마 글로 옮길 수 없을 정도다. 어떤 이야기는 드라마보다 더 잔혹할 때도 있다. 나는 그런 이야기들을 들으며, 최대한 그분들의 상황을 객관화·명료화해 준다.

이는 마치 장기나 바둑의 훈수와도 같다. 장기나 바둑을 두고 있는 당사자에게는 보이지 않지만, 옆에서 게임을 지켜보는 훈수꾼들에게는 간혹 좋은 수手가 보이곤 한다. 자신의 얼굴에 무엇이 묻어 있는지 정작 자신은 알 수 없지만, 이를 남들은 쉽게 볼 수 있는 것 역시 마찬가지 원리다. 나는 환자분들을 면담하면서 그분들에게 도움이 될 만한 방법을 충분히 궁리해 말씀드린다. 그런데 어느 날부터인가 그 말이 나에게도 똑같이 적용되는 것임을 깨닫게 되었다.

남에게 해 주었던 이야기,
이제는 나에게 들려주는 이야기

지금 나는 내가 의사로서 일할 수 있다는 사실 그 자체만으로 너무나 고마운 마음을 갖고 있다. 만약 내가 그때 병원을 사직했더라면, 나의 상태가 지금보다 더 좋아졌을까? 절대 그렇지 않을 것이다.

가장 힘든 순간, 포기하고 싶은 순간에 무언가를 그만두려고 해선 안 된다. 그러한 상황에 처하면 우리의 판단이 충분히 이성적일 수 없다. 무언가를 그만두려면 적어도 지금 이 순간, 내 이성이 감정을 충분히 통제하고 있다는 자기 확신이 있어야 한다. 그렇지 않다면 처음 계획했던 대로 하던 것을 계속하는 편이 훨씬 더 낫다.

죽고 싶은
사람은 없다

'왜'에서 '어떻게'로

모든 일에는 원인이 있다. 지금 우리에게 일어나는 모든 일은 어떤 일의 결과라 할 수 있다. 하지만 어떤 사건은, 원인과 결과의 관계가 모호하거나 원인을 파악하기 어려울 수 있다. 그보다 더 골치 아픈 것은, 원인은 사라져 버렸지만 결과는 계속 남아 우리를 고통스럽게 하는 것이다. 아마도 불면증이 그 대표적인 '결과'일 것이다.

불면증이 처음 시작될 때 우리는 대개 그 원인이 무엇인지 잘 알고 있다. 입시 스트레스, 가족의 질병, 경제적 곤란, 통증 등 수많은 원인이 불면증을 만든다. 하지만 원인이 사라져 버

남에게 해 주었던 이야기,
이제는 나에게 들려주는 이야기

렸음에도 불면증은 계속 남아 있는 경우가 상당히 많다. 불면의 상태가 너무 괴로운 나머지 잠을 자기 위해 갖가지 방법을 다 사용하게 되는데, 이 방법들이 오히려 불면증의 악화 요인이 되는 것이다.

원인은 사라져도
결과는 남을 때

불면증으로 괴롭다며 나를 찾아온 한 남자는 자신이 회사에서 지방 소도시로 발령받은 이후, 이 괴로운 증상이 생겨났다고 말했다. 30대 후반인 그는 서울에 집과 가족들이 있었는데 어쩌다 지방으로 발령받게 되는 바람에 졸지에 기러기 신세가 되고 말았다고 했다.

가족들을 서울에 남겨 둔 채 발령지에서 방을 구해 혼자서 생활하게 된 그는 잠자리가 바뀐 탓인지, 혼자 있으며 느끼게 된 외로움 탓인지, 어느 날부터인가 잘 잠들지 못했다. 그러다 어떤 날은 거의 꼬박 밤을 지새우기도 했다. 이렇게 제대로 잠을 이루지 못하고 다음 날이 되면, 그는 온종일 피곤한 기색을 감출 수가 없었다.

'오늘은 반드시 자야 한다.'

그렇게 피곤한 날에는 저녁 식사만 마치면 졸립지 않은데도 밤 아홉 시부터 자리에 누워 잠을 청했고, 그래도 도저히 잠이 오지 않으면 혼자서 소주를 반병 정도씩 마셨다. 하지만 아무리 노력해도 잠은 오지 않았다. 그러자 그는 점차 자신이 잠을 제대로 자지 못하는 것 자체에 불안해졌다.

'오늘은 과연 잠이 올까. 잠들면 몇 시간이나 잘 수 있을까.'

그렇게 1년이 지난 후 그는 마침내 근무지가 서울로 변경되어 집에서 출·퇴근을 할 수 있게 되었다. 하지만 그의 불면증 증세는 전혀 나아지지 않았다. 그는 여전히 어둠이 내리면 자신이 잠을 잘 수 있을지 걱정하면서, 이제는 거의 매일 소주를 마시고 있다고 했다.

그의 이야기는, 원인은 사라져도 결과는 계속 남아 고통을 주는 흔한 케이스다. 이는 불면증 환자뿐 아니라 다양한 수술 후유증을 겪는 환자들에게서도 대부분 관찰된다. 예를 들어, 척추 디스크가 있어 돌출된 디스크가 신경을 누르고 있는 환자는 수술로 돌출된 디스크를 제거하면 모든 것이 원상으로 돌아와야 맞다. 하지만 디스크는 제거됐어도, 일부 환자에게

서는 그간의 신경 손상 혹은 수술 후 발생한 수술 부위의 유착, 수술 중 발생한 새로운 신경 손상으로 인해 통증과 감각 이상이 계속된다. 수술이 자신을 고통에서 벗어나게 해 줄 것으로 기대했던 환자들은 이때 심한 좌절과 우울을 경험하게 된다.

그 역시 불면증의 괴로움도 괴로움이지만, 달라지지 않은 자기 상태를 목격하며 더는 희망이 없다는 생각에 엄청난 우울감에 시달리고 있다고 호소했다. 원인이 제거됐는데도 어째서 문제가 해결되지 않는 것인지, 왜 하필 자기에게 이런 일이 일어난 건지 모르겠다며, 아무리 생각해도 자기는 유독 불운한 사람 같다고 절망했다.

하나의 문제를 풀고,
또 그다음 문제를 풀고

수술과 약물, 각종 비수술적 치료, 물리 치료, 필라테스, 퍼스널 트레이닝personal training, 기도, 명상, 심지어는 침과 한약까지…….

통증에 좋다는 온갖 방법을 다 사용했는데도 기대만큼의 효과가 드러나지 않자, 나 역시 끝없이 이런 질문을 던지지 않을 수 없었다.

'도대체 무엇이 문제인가?' '왜 하필 내게 이런 일이 닥친 것인가? 내가 무엇을 잘못했단 말인가?'

어두운 방 안에 우두커니 혼자 앉아 있을 때면, 이런 질문이 끝도 없이 쏟아졌다.

'왜 이 병이 낫지 않을까?' '왜 내게 이런 병이 찾아왔을까, 대체 왜? 왜, 왜……'

그러다 문득 나를 찾아온 환자들이 내게 던지던 질문들을 내가 똑같이 하고 있구나, 하는 생각이 들었다. 환자들은 나의 진료실로 찾아와 도대체 왜 이런 병이 자신에게 생긴 것인지를 묻곤 한다.

하지만 사고로 인해 골절이 되거나 피부가 찢어지는 일이 아닌 이상, 질병의 원인을 정확히 말할 수 있는 경우는 거의 없다고 봐도 무방하다. 우울증을 비롯한 다양한 정신과적 질환은 전체 인구의 20퍼센트 정도가 경험하게 되는 매우 흔한 것이지만, 그 원인이 무엇인지 쉽사리 설명할 수는 없는 노릇이다.

남에게 해 주었던 이야기,
이제는 나에게 들려주는 이야기

이것은 우울증뿐 아니라 내과 영역의 다른 질병들도 마찬가지다. 매우 흔한 만성질병인 당뇨병만 해도 그렇다. 혈당이 비정상적으로 높아짐으로써 생기는 이 질병은 췌장에서 인슐린 분비에 문제가 생기는 것이 원인이라고 알려져 있다. 그러나 인슐린 분비에 왜 문제가 생기는 것인지까지는 설명하기 어렵다.

꼭 질병뿐이겠는가. 우리는 갑작스레 우리를 찾아온 수많은 불행 앞에 종종 "왜 하필……"이란 말을 하게 된다. 아무리 생각해도 억울하다. 중범죄를 저지르고도 잘 먹고 잘 사는 사람들이 수두룩한데, 아무런 잘못도 하지 않은 내가 왜 혼자서 이런 고통을 감당해야 하는 걸까. 온 세상의 불운이 오직 나를 향해 달려드는 것만 같다. 세상에 정의란 없는 것처럼 보인다. 아무리 생각해도 한참 잘못된 일이다.

그런 생각에 휩싸이다 보면 '왜'에 집착하게 되고, 이런 집착은 곧 우울한 감정으로 이어지게 된다. 당연한 일이다. 이런 경우에는 '왜'를 아무리 외쳐도, 시원한 답을 얻을 수 없으니까.

고통과 불행이 없던 시절을 자꾸 떠올리게 되겠지만, 그때는 그때고 지금은 지금이다. 머릿속에서 자꾸 원인을 찾으려고 할 때 그 꼬리에 꼬리를 무는 생각을 싹둑 자르고, 냉정하게 '원인 따위는 없다'는 점을 받아들여야 한다.

불행에는 이유가 없다.

세상 모든 일은 그 원인을 찾아야 해결할 수 있지만,

그럴 수 없는 일이 한 가지 있다면 그것은 '불행'일 것이다.

아프지만, 이것을 인정해야 한다.

상황은 상황대로 두고, 지금 이 순간 할 수 있는 일을 해야한다. 물론 이것이 말처럼 쉬운 일은 아니다. 나도 그렇다. 그래서 하루에도 수십 번 마음을 먹고 또 먹는다.

"'왜'가 아니라 '어떻게'에 집중하자."

'왜'가 아니라 '어떻게', 그러니까 원인이 아니라 방법에 집중해야 한다는 것이다. 그 방법을 찾는 일이 아무리 어렵다 해도 최소한 보이지도 않으며 돌이킬 수도 없는 원인을 찾는 일보다는 쉬울 테니, 불행 중 다행이라고 해야 할까.

이 상황에서 내가 할 수 있는 일이 무엇인지 그리고 그것을 어떻게 수행할 수 있을지에 대한 답을 찾은 후에 그것을 실천해 나가야 한다. 비록 이것이 당장의 해결책을 제시해 주는 것은 아니라 해도 그렇다. 그래야만 아무리 힘들어도 우울감에

남에게 해 주었던 이야기,
이제는 나에게 들려주는 이야기

빠져 나 자신을 잃어 가지 않는다. 계속해서 방법을 찾아가는 것, 그것이 곧 자기를 지키는 일이다.

영화 〈마션〉에서 화성에 홀로 남겨진 우주 비행사 마크 와트니는 자신이 '왜' 화성에 혼자 남게 되었는지에 대해 집착하며 우울해하기보다 자신이 화성에서 '어떻게' 생존할지에 더 집중한다. 그렇게 화성에서 감자 농사를 짓고 하루하루를 견뎌 내면서 마침내 지구로 귀환한다. 그의 말은 곧 내가 나 자신에게 그리고 고통을 겪고 있는 누군가에게 들려주고 싶은 이야기와도 같다.

"삶의 어느 지점에 이르러 정말 모든 게 끝없는 나락으로 떨어지고 바닥을 칠 때가 있지. 그래, 이게 끝이야, 모든 게 끝장이야, 라고 말이다. 그럴 때는 둘 중 하나야. 그냥 (아무것도 하지 않고) 현실을 받아들이든지 아니면 무언가를 하든지. 하나의 문제를 풀고, 또 그다음 문제를 풀고, 그렇게 계속하다 보면 집으로 돌아가게 되는 거야."

두 번째 화살은 피할 수 있다

살면서 이런 일이 있어선 안 되겠지만, 만에 하나 추운 겨울 인적이 드문 산길을 혼자 운전하면서 가고 있다가 잠깐 졸음이 쏟아진 나머지 길을 벗어나 나무에 부딪치는 사고를 당했다고 해 보자. 정신이 들고 나면 통증과 함께 두려움이 찾아올 것이다.

'여기에서 죽는 것은 아닐까? 살아도 불구가 되는 건 아닐까?'

두려움은 이내 걱정으로 이어진다.

'불구가 되면 어쩌지? 내가 죽으면 우리 가족은 어떻게 되

는 걸까?'

걱정은 곧 후회로 연결된다.

'괜히 이 길로 왔다. 다른 길로 갔으면, 아니 어제 충분히 잠을 잤더라면 이런 일도 없었을 텐데……'

혹은 자포자기하게 된다.

'이 길에는 어차피 사람도 거의 지나다니질 않잖아. 도와달라고 외쳐도 듣는 사람 하나 없을 거야. 휴대전화도 망가져 119를 부를 수도 없고. 난 이제 끝났어. 어차피 죽게 될 거야.'

이렇게까지 생각이 들자, 통증은 더 심해지는 것 같고, 어떻게 해서든 도움을 요청해야겠다는 생각마저 사라져 버린다. 결국 차 안에 앉아 스스로를 구하기 위한 어떠한 행동도 하지 않은 채, 돌이킬 수 없는 일들에 대한 후회와 자신에게 찾아온 불행에 대한 원망과 앞으로 닥칠 일에 대한 두려움에 떨고만 있게 될 것이다.

당신에게 닥친 사고를 첫 번째 화살이라고 해 보자. 첫 번째 화살에 맞은 당신은 매우 불운했던 것이 분명하다. 하지만 두려움, 걱정, 후회 혹은 자포자기라는 이름의 두 번째 화살은 다르다. 그것은 당신이 스스로에게 쏜 것이다.

죽고 싶은
사람은 없다

즉각 반응하지
말 것

삶을 살아가며 입시, 사업 실패, 가족이나 자신의 질병, 재난 등 고통을 주는 극심한 스트레스인 '첫 번째 화살'을 피할 방법이 과연 있을까? 사실상 없다.

첫 번째 화살이 날아왔을 때 우리가 할 수 있는 일이라곤
그저 무참히 그것을 맞는 것뿐이다.
하지만 첫 번째 화살에 대한 우리의 반응이라 할 수 있는
이른바 '두 번째 화살'은 다르다.

불가佛家의 지혜를 말할 때 자주 인용되는 두 번째 화살이란, 삶의 고통(첫 번째 화살)에 직면하게 된 후 자신도 모르게 경험하게 되는 두려움, 걱정, 후회와 같은 첫 번째 화살에 대한 감정과 반응을 의미한다.

이러한 두 번째 화살을 극복하는 가장 중요한 방법은 첫째, 즉각 반응하지 않는 것이다. 나쁜 사건이 있을 때에는 두려움, 불안, 걱정 등 부정적인 감정이 생겨나는 게 당연하다. 일단

그런 부정적인 감정을 경험하게 되면, 과거에 대한 후회와 함께 미래에 대한 재앙적인 예견을 하게 되는 것이 또한 당연한 수순이다.

문제는 이러한 부정적인 감정의 흐름을 끊어 버리지 못하고 그대로 따라가게 될 때다.

"내가 그때 왜 그랬을까. 너무 괴롭다. 내 삶에 행복은 없어. 앞으로도 불행이 계속될 거야."

애초 구상했던 삶의 목표는 상실해 버리고, 내 삶을 오로지 과거에 대한 후회와 현재의 고통만이 존재하는 괴로운 것으로 여기게 된다. 이런 과정을 완전히 막을 수는 없다. 하지만 반응을 지연시키고 이성을 작동시켜 상황을 객관적으로 보기 시작하면, 보다 나은 반응을 선택할 수는 있다.

나쁜 상황에 처했을 때 부정적인 반응을 하는 것은 당연하다. 그것은 우리가 선택한 것이 아니라, 저절로 그렇게 느낀 것이다. 그러나 원치 않은 상황에 그저 끌려갈 것이 아니라 상황을 변화시키고자 한다면, 최소한 자기 자신에게 다른 선택을 할 수 있는 기회는 주어야 하지 않을까.

아직 일어나지도 않은 암울한 일들을 떠올리며 내 미래가 그렇게 될 거라고 절망하는 스스로를 인식하게 되는 순간, 바

죽고 싶은
사람은 없다

로 그 순간이 중요하다.

'아, 지금 내가 확실치도 않은 일을 당연히 일어난 일처럼 여기고 있구나.' '내가 왜 이렇게 자꾸 부정적인 결말을 떠올리는 걸까.' '이렇게 생각하는 나 자신이야말로 상황을 더 악화시키고 있는 게 아닐까.'

이런 자기 인식을 하는 것만으로도 부정적인 생각을 멈추는 데 큰 도움이 된다. 그러한 인식을 하게 되면, 내 심장을 향해 날아오던 두 번째 화살은 그대로 힘을 잃는다. 이성이 살아나는 것이다. 이 정도가 되면, 충동적으로 스스로에게 해가 되는 결정을 내리는 대신 나를 위한 선택이 무엇인지 차분하게 고민할 수 있다.

나에게
친절해질 것

두 번째 화살을 피하기 위한 또 다른 방법은 자신에게 친절해지는 것이다.

고통을 겪는 사람들은 자기 삶이나 자기 행동에 어떤 가치

남에게 해 주었던 이야기,
이제는 나에게 들려주는 이야기

도 느끼지 못한다. 내가 무슨 짓을 해도 '어차피' 아무것도 달라지지 않을 것이라고 생각하며, 아무것도 하지 않게 된다. 그렇게 아무것도 하지 않는 자신을 보며 다시 한번 자신은 아무런 가치가 없는 사람이라고 느끼고 스스로를 위한 투자를 하지 않게 된다. 지독한 악순환인 셈이다.

아픈 사람이 건강해지려면 좋은 음식을 먹고, 꾸준히 운동을 해야 한다는 것이 상식이다. 사회적으로 성공을 거두기 위해서는 자신의 분야를 열심히 공부하고 한 단계, 한 단계 성장하기 위해 노력하는 것이 기본이다. 하지만 첫 번째 화살에 맞은 후 두 번째 화살을 피하지 못하는 사람들은 스스로를 소중하게 생각하지 않게 되어 그 어떤 노력도 기울이지 않을뿐더러 제대로 된 식사와 수면까지 거르는 등 최소한의 건강마저 돌보지 않곤 한다.

'나는 더 이상 살 가치가 없어. 어차피 무엇을 해도 소용없을 거야.'

이런 생각을 하는 것이다.

통증과 이상 감각에 시달리면서 세상의 그 어떤 치료법도 나를 완치시킬 수 없을 것 같다는 느낌이 들자, 나는 그저 사라지고만 싶었다. 모든 것이 다 부질없어 보였고, 이대로 아무

죽고 싶은
사람은 없다

도 살지 않는 곳에 가서 누구의 이야기도 듣지 않은 채 가만히 있고만 싶었다.

그러던 어느 날이었다. 전철을 타고 가는데, 젊은 엄마의 등에 업힌 아기를 보게 되었다. 요즘 젊은 엄마들은 아기를 잘 업지 않는 편이라 그 광경이 꽤 낯설게 느껴졌고, 그래서인지 자꾸 등에 업힌 아기에게 눈길이 갔다.

아기는 엄마 등에 소중하게 업힌 채 호기심으로 가득한 작고 까만 눈동자를 반짝이며 조용히 주변을 살피고 있었다. 그러다 좌석 기둥에 힘겹게 기대어 서 있는 나와 눈이 딱 마주쳤다. 나도 모르게 활짝 미소가 지어졌다. 다행히 지치고 어두운 내 얼굴이 무섭지도 않은지, 아기 역시 함박웃음으로 내 미소에 화답해 주었다.

'아가야, 건강하게 잘 자라렴.'

나는 아기가 내게서 눈을 떼기 전까지, 아니 그 아기가 전철에서 내리기 전까지 미소를 지으며 마음속으로 아기의 건강을 기도했다. 아마 그 전철 안에서 아기와 눈을 맞춘 사람이라면, 누구나 나와 같은 마음을 가졌을 것이다.

'나도 저런 아기였을 때가 있었을 텐데……'

전철에서 내린 후 천천히 멀어져 가는 아기의 뒷모습을 바

남에게 해 주었던 이야기,
이제는 나에게 들려주는 이야기

라보며, 문득 그런 생각이 들었다.

나도 그렇고, 이 전철에 타고 있는 사람들도 그렇고, 우리 모두는 누구나 소중한 아기였다. 부모라면, 보통 아기를 지키기 위해 목숨을 내놓는 것조차 두려워하지 않는다. 우리 부모님들도 그러했을 것이다.

물론 어떤 이들은 자신이 부모로부터 사랑받지 못했다며, 자기 부모를 미워하기도 한다. 간혹 그런 부모들도 있기는 하다. 하지만 이렇게 생각해 보자. 아기는 절대로 스스로 생존하지 못한다. 누군가가 먹여 주고, 재워 주고, 아플 때 돌보아 주지 않았다면 우리는 결코 여기에 이렇게 살아 있을 수 없을 것이다. 이 말은 곧, 우리가 어린 생명의 가치를 소중하게 여기는 누군가에게 지극한 보살핌을 받았다는 뜻이다.

'저 아기처럼 나 역시 세상의 온갖 호의와 사랑을 받고서 이렇게 어른으로 성장했을 텐데, 그런 내가 삶의 어느 순간 고통에 처했다고 해서 나 자신을 돌보지 않고 이렇게 스스로를 방치해도 되는 걸까.'

갑자기 눈물이 핑 돌았다. 나 역시 아이를 키우는 부모로서, 아이에게 쏟는 애정이 얼마나 크고 깊은지 잘 알고 있는 터다. 나도 한때 그런 무한한 애정을 받는 아기였다는 사실을 나는

죽고 싶은
사람은 없다

잠시 잊고 있었다. 그리고 그렇게 귀하게 대접받은 내가 스스로를 귀하게 대접하고 있지 않다는 자각에 이르자, 말할 수 없이 부끄러워졌다.

그날 이후, 나는 스스로에게 친절해지기로 다짐했다. 그리고 친절의 정의가 '가치 있는 무언가를 타인에게 주는 것'이라고 한다면, 스스로에 대한 친절은 무엇이 될 수 있을까 고민했다. 그 결과, 다음과 같은 것을 떠올리게 되었다.

식사를 거르지 않는 것.
충분한 휴식을 취하는 것.
적절한 운동을 하는 것.
가끔 영화를 보는 등 소소한 즐거움을 찾는 것.
...
무엇보다 더 나아지리라는 기대를 포기하지 않는 것.

몸과 마음이 유난히 더 무겁게 느껴지는 날이면, 나는 가까운 공원이나 놀이터에 나가 아이들을 본다. 나비를 쫓아 뛰어가는 아이, 자기 몸보다 훨씬 더 커 보이는 축구공을 차다가 넘어져 울고 있는 아이, 보조 바퀴를 단 자전거를 타고 친구들과

남에게 해 주었던 이야기,
이제는 나에게 들려주는 이야기

경주하며 웃는 아이. 이 아이들에게 친절한 미소를 보내본다.

그 아이들이 누군가에게 소중한 존재인 것처럼 나도 누군가에게 소중한 사람이었다. 그리고 여전히 누군가에게는 꽤 소중한 사람이다. 이런 생각만으로도 지친 마음이 조금은 에너지를 얻는다.

삶이라는 전장戰場에서 첫 번째 화살에 맞는 것은 어쩔 수 없는 일이다. 하지만 화살 하나로 인해 쓰러져 버리거나 스스로에게 두 번째 화살을 쏘는 어리석음에서는 벗어나겠다고 다짐한다. 그리고 지금 이 순간, 바로 오늘부터 나 자신에게 친절해지는 것으로 두 번째 화살을 피하는 연습을 시작해 보겠다고 스스로에게 약속한다.

죽고 싶은
사람은 없다

행복의 시뮬레이션

"우울증은 죽고 싶어 하는 병이고, 공황장애는 죽을까 봐 무서워하는 병이다."

어느 TV 프로그램에서인가 개그맨 이경규 님이 했던 말이다. 정말 놀라운 통찰이다. 우울증과 공황장애의 본질을 이렇게 간략하면서도 날카롭게 표현한 말을, 나는 그 어떤 책에서도 본 적이 없다.

다만, 공황장애에 대한 이야기는 이론의 여지가 없으나, 우울증에 대한 이야기에는 약간의 수정이 필요하다. 우울증을 앓는 분들이 죽고 싶다는 생각을 하는 것은 맞지만, 그것은 그들이 진정 죽음을 원해서 그러는 것이 아니다. 현재의 고통이 너무 커서 그것을 더는 감당할 수 없는 상태에 놓여 있어 그러는 경우가 훨씬 더 많다. 이것은 우울증의 대표적인 동물 실험 모델인 '학습된 절망과 강제 수영 실험Forced Swim Test, FST'을 통해 쉽게 이해할 수 있다.

학습된 절망과 강제 수영 실험

학습된 절망과 강제 수영 실험은 항우울제 개발을 위해 만들어진 것이다.

먼저 '학습된 절망 실험'에서는 쥐를 전기 장치가 설치된 사육 상자에 넣는다. 그리고 상자 바닥에 반복적으로 전기 충격을 가한다. 쥐는 전기 충격을 피할 수 있는 안전한 장소를 찾기 위해, 처음에는 상자 안의 여러 곳을 빠른 속도로 탐색한다. 하지만 시간이 흐르고, 상자 안의 어느 곳에 가더라도 전기 충격을 피할 수 없으며 상자 밖으로 나갈 수도 없다는 것을 알게 된 이후에는 더 이상의 탐색과 탈출 시도를 멈추고 그저

죽고 싶은
사람은 없다

전기 충격을 받으면서 가만히 있게 된다. 이러한 상태가 오래 지속된 후 전기 자극을 멈추고 쥐에게 먹이와 물을 주어도 쥐는 이를 잘 먹으려고 하지 않으며 심지어는 잘 움직이지도 않게 된다.

'강제 수영 실험'에서는 쥐를 물이 들어 있는 비커에 일부러 빠뜨린다. 이 실험은 쥐가 자력으로 비커를 빠져나갈 가능성이 없도록 설계되어 있다. 강제로 물에 빠진 쥐는 오로지 살기 위해 전력으로 수영을 하게 된다. 하지만 계속해서 수영을 할 수는 없기에, 어느 순간 움직임을 멈추고 물속으로 가라앉고 만다.

이때 쥐가 절망적인 상태인지 아닌지, 무슨 생각을 하는지 알 수는 없다. 다만, 미리 학습된 절망 상태를 오래 경험한 쥐는 그렇지 않은 쥐보다 수영하는 시간이 훨씬 더 짧다는 것이 실험을 통해 드러났다. 물론 이런 쥐를 비커에서 꺼내어 일정 기간 동안 항우울제를 투여하면, 정상적인 쥐와 동등한 수준으로 강제 수영 시간이 늘어나게 된다.

알 수 없는 힘에 의해 강제로 물에 빠져 생존을 위한 수영을 계속해야 하는 실험 쥐가 죽고 싶어 하는지는 알 수 없다. 하지만 분명한 것은 실험 쥐가 생존을 위한 수영을 멈추는 순간 물속으로 가라앉고 만다는 사실이다.

사람은 어떨까? 때로 우리의 운명은 물속으로 가라앉는 실험 쥐의 그것만큼이나 너무나 가혹하다. 진료실에서 만난 환자분들의 이야기를 듣다 보면, 도저히 차트에 기록할 수 없을 정도로 참혹한 현실을 마주할 때가 있다. 그분들은 그야말로 기막힌 현실을 감당하며 끔찍한 절망 상태로 수년을 보내기도 한다.

"선생님, 저는 차라리 죽는 게 낫겠어요."

이런 말을 아무렇지 않게 내뱉으며 눈물을 흘리는 분들. 그분들을 볼 때면, 마치 전기 충격이 쏟아지는 사육 상자에 갇혀 나갈 방법이 없다는 사실을 알게 된, 혹은 아무리 벗어나려 해도 벗어날 수 없는 비커 안에서 끝없이 살기 위해 수영을 해야 하는 실험 쥐와 같다는 생각이 들 때가 있다.

결국 그분들이 진짜 원하는 것은 죽음이 아니다. 그분들은 단지 끝없이 이어지는 고통에서 벗어날 방법이 없다는 것을 알게 된 후 희망을 상실한 것뿐이다.

희망은 앞으로 상황이 더 나아지리란 기대이다. 현재보다 미래가 좋아질 것이라고 기대할 수 있을 때, 사람들은 현재를 견뎌 낼 수 있다. 하지만 아무리 해도 상황이 나아질 수 없다

죽고 싶은
사람은 없다

면 혹은 오히려 더 나빠지고 있다면 어떨까. 어느 곳에서도 희망이 보이지 않고 시궁창 같은 현실만 끝없이 계속된다면, 우리는 비커 속의 실험 쥐처럼 수영을 멈추고 얌전히 운명을 받아들여야 하는 것일까.

불안
뒤집어 보기

우울 이전에는 보통 불안이라는 감정이 존재한다. 불안은 예측 불가능성에서 비롯된다. 하지만 일단 우리는 불안해지면, 자기도 모르는 사이에 부정적인 결과를 예측하기 시작한다. 머릿속으로 부정적인 결과, 그중에서도 가장 나쁜 결과를 끊임없이 반복해 상상하게 되는 것이다.

앞서 이야기한 '두 번째 화살'을 만들어 스스로에게 쏘는 셈인데, 이러한 상태에까지 이르면, 어느새 가장 나쁜 결과는 수많은 경우의 수 가운데 하나가 아닌 현실적인 위협으로 느껴지게 된다. 구체적인 두려움의 대상이 되는 것이다.

일반적으로, 우리가 살면서 최악의 상황을 맞닥뜨리게 될 가능성은 최고의 상황을 맞닥뜨리게 될 가능성만큼이나 적다. 다시 말해, 일어날 수 있는 최악의 불행은 로또에 당첨될 확률만큼이나 낮다.

비커에 빠진 실험 쥐도 마찬가지다. 일부러 최악의 상황을 설계했으니 실험 쥐 스스로 비커에서 빠져나갈 수 있는 가능성은 적지만, 자연 상태에서 만약 쥐가 물에 빠졌다면 떠내려가다가 뭍에 닿을 수도 있을 것이고 떠다니는 물체를 잡고 올라가 목숨을 구할 수도 있을 것이다(사실 실험 쥐도 결국은 실험실 조교가 물에서 꺼내 준다).

하지만 우리는 일단 불안해지면, 이러한 통계나 확률을 잘 떠올리지 못한다. 그러고는 매우 드물게 나타나는 최악의 경우와 그 결과만을 자동적으로 시뮬레이션한다. 재앙적 상황을 반복적으로 연상하는 것인데, 그로 인해 불안감은 점점 더 커질 수밖에 없다.

그렇다면 출구는 없는 것일까. 역설적이지만, 불안과 그에 뒤따르는 우울이 재앙적인 시뮬레이션에 의해 악화된다면, 같은 원리로 불안도 완화될 수 있지 않을까? 바로 그 반대, 즉 '행복을 시뮬레이션해 보는 것'이 해법일 수 있다는 것이다.

나의 가장 행복한 장면은 화창한 어느 봄날, 벚꽃 잎이 눈처럼 날리는 거리를 나의 손자들과 함께 자전거를 타고 달려가는 것이다. 그렇게 달리다가 자전거에서 내려 아이들과 함께 짜장면을 먹고 흩날리는 벚꽃 잎을 손으로 잡아 아이들의 건강과 행복을 기원해 주고 싶다.

그러기 위해서는 은퇴 후에도 손자들에게 자전거 정도는 사 줄 수 있는 경제력과 함께, 노년기에도 자전거를 탈 수 있을 정도의 건강 상태를 유지해야 한다. 즉 균형 감각과 근력이 필요하다. 또한 자녀들이 나를 찾아올 수 있을 정도로 가족 간의 관계가 원만해야 할 것이다.

간혹 몸 상태가 많이 나빠질 때면 그것이 자전거가 아니라 휠체어가 될 수도 있겠다는 슬픈 생각이 들기도 한다. 그래도 두렵지는 않다. 떨어지는 벚꽃 잎의 의미를 나눌 수 있는 가족과 함께할 수 있다면 설령 자전거가 휠체어로 바뀐다 하더라도 나는 행복할 수 있을 것이라 생각한다.

행복의 공식은 다음과 같다는 말을 누군가의 강연에선가 들었던 기억이 난다.

$$행복 = \frac{내가\ 가진\ 것}{나의\ 소망}$$

남에게 해 주었던 이야기,
이제는 나에게 들려주는 이야기

내가 가진 것이 아무리 많더라도 소망이 그보다 더 크다면, 행복은 어쩔 수 없이 작아질 것이다. 내가 가진 것이 적어진다면, 분모인 소망을 줄임으로써 행복을 키울 수 있다.

나 자신의 행복을 키우기 위해 지금 할 수 있는 것을 하면서 지내는 것 자체가 행복의 과정이 되리라 믿으며, 그렇게 나는 오늘을 살기로 한다.

죽고 싶은
사람은 없다

자살하면
안 되는 이유

자살의 가족력을 이야기할 때 가장 많이 인용되는 사례는 《노인과 바다 *The old man and the sea*》로 잘 알려진 20세기 대문호 어니스트 헤밍웨이 Ernest Hemingway의 집안이다. 그의 집안은 아버지와 형제, 누이가 모두 스스로 생을 마감한 것으로 알려져 있다. 1996년에는 그의 손녀인 마고 헤밍웨이 Margaux Hemingway까지 스스로 목숨을 끊었다.

자살의 가족력에 대한 최근 연구들은 유전적 경향을 보이는 것이 '자살 생각'이 아니라 '자살 시도'임을 보여 준다. 사실, 자살 생각은 심리적 위기 상황에 처한 사람들에게서 비교적 흔히 보이는 현상(2011년 보건복지부 정신질환실태역학조사에 따르면, 우리나라 사람들이 살면서 자살 생각을 하게 되는 평생 유병률은 15.6퍼센트에 달했다. 즉, 2016년 기준 우리나라 인구 5,156만 명 중 804만 3,000명 정도로, 이는 부산(356만 명)과 광주(150만 명), 대구(248만 명), 전주(65만 명)의 모든 인구를 합한 숫자와 비슷하다)으로, 유전 때문이라기보다는 상황 때문이라고 봐야 옳을 것이다. 하지만 자살 시도는 조금 달리 보아야 한다.

자살에 이르는 3단계는 '생각-계획-시도'이다. 사람들은 대부분 첫 번째 단계인 '자살 생각'에 머무르다가 정신적인 위기 상황에서 벗어나거나 상황이 나아지면 이내 이 생각을 거두고 정상적인 심리 상태를 회복한다. 그러나 우울증이 있으면 두 번째 단계와 세 번째 단계로 나아갈 가능성이 커진다.

그렇다면, 자살이라는 행위가 우울증의 영향을 배제했을 때에도 가족 간에 전이되는 경향을 보일까? 최근 발표된 한 연구에 의하면, 기분장애(우울증 및 조울증) 환자 334명의 자녀들 701명을 5.6년간 추적 관찰한 결과, 가족 내 우울증 전이의 영향을 통제하고 나서도 부모의 자살 시도가 우울증이 있는 자녀의 자살 시도 가능성을 다섯 배나 증가시키는 것으로 나타났다. 다시 말해, 당신이 어떠한 이유에서든 우울증에 걸린 상태에서 일생의 어느 순간 자살 시도를 했다면, 당신의 자녀가 우울증을 경험할 때 자살 시도를 할 가능성이 자살 시도를 하지 않은 우울증 환자를 부모로 둔 사람의 자살 가능성보다 다섯 배나 커진다는 것이다.

실제로 부모의 자살이 자녀에게 미치는 영향은 정신건강의학과 임상 현장에서 비교적 자주 관찰된다. 특히 아동기나 청소년기에 부모의 자살을 경험한 사람들은 우울증이 있을 때 무가치감과 자살 사고가 두드러지게 나타나며, 그중 일부는 반복적으로 자살 시도를 하기도 한다.

자살은 결코 끝이 아니다. 내 가족들에게 평생 지워지지 않을 트라우마를 남기게 될 뿐만 아니라, 내 의도와는 관계없이 사랑하는 자손들에게 나쁜 영향이 계속 반복되어 나타날 수도 있다.

자살로 70대의 어머니를 잃은 30대 후반의 여성을 면담할 때 그녀가 했던 말이 생생하다.

"엄마와 우리 가족은 수많은 행복한 기억을 가지고 있었어요. 엄마는 칼국수와 찜질방을 좋아하셨어요……. 하지만 엄마가 그렇게 돌아가시고 나서는 엄마와의 행복했던 기억이 하나도 떠오르지 않아요. 엄마가 그렇게 돌아가시던 날의 끔찍

한 번 더
생각해 보기

한 기억과 '엄마가 얼마나 힘들었을까' 하는 생각만 떠올라요. 너무 힘들고 괴로워요. 나도 언젠가 그렇게 죽을 것 같고, 우리 아이도 그렇게 될 것 같아 두려워요⋯⋯."

　자살은 결코 나 혼자의 죽음이 아니다. 그것은 가족 모두에게 결코 지울 수 없는 영향을 주게 된다. 혹시라도 삶의 어느 순간 자살하고 싶다는 생각이 든다면, 그녀의 이 이야기를 꼭 떠올려 주었으면 한다.

죽고 싶은
사람은 없다

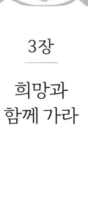

3장

희망과
함께 가라

스톡데일 패러독스

긍정은 좋은 것이다. 얼마나 좋은지는 모르겠지만, 최소한 나쁘지는 않은 것 같다.

하지만 긍정이 모든 상황에서 답이 될 수 있을까? 긍정이 곧 희망일까? "피할 수 없다면, 즐겨라"라는 말도 있긴 하지만, 아무리 긍정적으로 생각하려 해도 도저히 즐길 수도, 그렇다고 피할 수도 없는 상황이 우리 인생에는 분명히 존재한다.

"걱정 마, 다 잘될 거야."

우리는 힘든 일을 겪을 때, 주변 사람들로부터 이런 위로의 말을 종종 듣는다. 내게도 이렇게 말해 주는 사람들이 간혹 있

죽고 싶은
사람은 없다

었다. 물론 나도 누군가에게 이렇게 말했던 적이 분명 있었을 것이다. 적당한 위로의 표현을 찾기 어려워 꺼낸 말이었겠지만, 사실 이런 막연한 이야기는 상대에게 그다지 도움이 되지 못한다.

막연한 낙관은
오히려 화를 부른다

제임스 스톡데일James Stockdale은 월남전에서 미국 해군 조종사로 복무했다. 그는 1965년 9월 9일 A-4 스카이호크 공격기로 북부 베트남에 대한 공격 임무를 수행하던 중 격추되었고, 하노이의 호아로Hoa Lo 포로 수용소에서 정확히 7년 6개월 동안 포로 생활을 하다가 1973년 2월에 석방되었다. 그는 1976년 3월 4일 미국 군인에게 최고의 영예로 간주되는 명예 훈장Medal of honor을 받았고, 이후 1992년 미국 대통령 선거에서 부통령 후보로 선출되기도 했다.

《좋은 기업을 넘어 위대한 기업으로Good to Great》의 작가인 짐 콜린스Jim Collins가 그에게 어떤 사람들이 포로 수용소에서

희망과
함께 가라

살아남지 못했느냐고 묻자, 그는 다음과 같이 말했다.

"아주 쉬운 질문입니다. 바로 낙관주의자optimist들이죠. 그들은 우리가 크리스마스 때까지는 석방될 거라고 말하곤 했습니다. 그러다 크리스마스가 속절없이 지나가면, 부활절(4월경) 때까지는 석방될 거라고 했습니다. 부활절마저 그냥 지나가고 나면 추수감사절(11월의 네 번째 목요일), 추수감사절이 지나가고 나면 다시 크리스마스까지를 이야기했죠. 그 모든 낙관적인 이야기가 들어맞지 않는다는 걸 알았을 때, 그들은 절망 속에서 죽어갔습니다."

그의 이 이야기는 낙관주의의 역설을 보여 주는 것으로, 이후 이는 '스톡데일 패러독스stockdale paradox'라는 용어로 불리게 되었다.

'긍정적'이라는 표현은 흔히 물이 절반쯤 담긴 컵을 보면서 "컵에 물이 절반이나 남았네"라고 말할 수 있는 사람들에게 주어지곤 한다. 최근 불고 있는 긍정에 대한 열풍은 이런 식의 해석에 기반하는 측면이 있다.

물론 '긍정 열풍'은 분명히 긍정적이다. '힘겨운 삶을 피할 수도, 즐길 수도 없을 땐 현재 상황의 부정적인 측면보다는 긍정적인 측면에 초점을 맞추어 살아야 한다'는 메시지는 '보통

죽고 싶은
사람은 없다

의' 어려움을 겪고 있는 사람들에게 많은 도움이 될 수 있다. 하지만 우리는 삶의 어느 순간 보통의 어려움보다 훨씬 더 큰 곤경에 처하기도 하며, 경우에 따라서는 긍정적인 측면을 쉽게 발견하기 어려운, 매우 절망적인 상황을 경험할 수도 있다.

이를테면 이런 것이다. 당신은 사막에서 홀로 조난을 당하게 되었다. 가지고 있는 물은 작은 생수 한 병뿐. 그나마도 절반밖에 차 있지 않다. 며칠간 사막을 헤매면서도 최악의 순간을 대비해 아껴왔던 물이지만, 손이 떨릴 정도의 극심한 탈수 상태에 이르자 당신은 마침내 물을 조금 마시기로 결심한다. 그런데 아뿔싸. 손이 너무 떨린 나머지 남은 물을 몽땅 바닥에 쏟고 말았다. 바닥에 떨어진 물은 사막의 모래 속에 금세 스며들어 갔다.

이런 상황에서 당신은 과연, 담담하게 다음과 같이 이야기할 수 있을까.

"그래도 내게는 아직 물통이 남아 있어. 조만간 오아시스를 발견해 이 물통에 물을 가득 채우면 돼."

소위 말하는 '정신 승리'가 가능하겠느냐는 것이다.

희망과
함께 가라

필요한 것은
희망의 근거

그러지 않기를 바라지만, 삶은 때때로 도무지 감당하기 어려운 육체적·정신적 한계 상황을 우리 앞에 던져 놓는다. 이를 '매우 힘든' 상황이라고 해 보자. 사실 '그냥 힘든' 상황과 '매우 힘든' 상황의 차이가 무엇인지를 정의하기는 쉽지 않으므로, 이를 보다 쉽게 이해하는 데는 정신의학에서 사용하는 개념이 유용하다.

정신의학에서는 누구나 경험할 수 있는 일시적인 '우울감'과 치료가 필요한 질병으로서의 '우울증'을 구분하기 위한 핵심 요소로 '기간'과 '심각도'를 이야기한다. 우울하다는 감정은 인간이라면 누구나 경험할 수 있는 보편적인 것이어서, 잠시 우울하거나 조금 우울한 정도는 질병으로 분류하지 않는다. 우울감이 우울증이라는 질병으로 분류되는 것은 증상이 심해 일상생활의 유지가 곤란할 정도로 심각하면서 그 기간이 2주 이상 지속되는 경우다. 즉, 심한 증상이 오래갈 때 그것을 질병으로 분류하는 것이다.

마찬가지로, 살면서 겪게 된 곤경이 그 일과 직접 관련되지

죽고 싶은
사람은 없다

않은 다른 일상생활에까지 지속적으로 부정적인 영향을 미친다면, 이는 '보통'의 어려움 혹은 '그냥 힘든' 정도라고 보기 어려울 것이다. 다시 말해, 자신이 감당할 수 있는 것보다 훨씬 더 큰 고통을 겪고, 그러한 고통이 언제 끝날지 모르는 상태로 지속되는 것을 '매우 힘든' 상황이라고 할 수 있다.

이런 상황에 놓이게 되면 스톡데일 패러독스를 경험할 확률이 커진다. 모든 게 다 잘될 거라는 막연한 긍정적 기대가 들어맞기에는 상황이 그리 녹록지 않기 때문이다. 문제는, 이렇게 긍정적 기대가 한 번 두 번 무너져 내리면 오히려 부정적 예견을 했을 때보다 훨씬 더 빨리 몸과 마음이 상하게 된다는 것이다.

그래서 필요한 것이 바로, '희망의 근거'다. 확실한 근거가 있어야만 희망은 비로소 굽혔던 무릎을 다시 일으키게 하는 강력한 힘을 발휘한다.

제임스 스톡데일은 생존의 비결로 '신념faith', '현실 직시face the brutal fact'를 이야기한 바 있다. 나는 여기에 '인내심endurance' 과 '지금 그리고 여기here and now'라고 하는 두 가지 요소를 덧붙이고 싶다. 이 네 가지는 희망의 근거를 찾는 데 반드시 필요한 요소들이다. 이렇게 찾아낸 희망의 근거는 곧 우리가 거친

희망과
함께 가라

현실을 견뎌 내는 데 가장 유용한 버팀목이 되어 줄 것이다.

지금부터는 희망의 근거를 찾는 데 필요한 네 가지 요소, 즉 '신념' '현실 직시' '인내심' '지금 그리고 여기'에 대해 구체적으로 살펴보겠다.

죽고 싶은
사람은 없다

신념:
나아질 것을 믿으며 오늘을 산다

내가 제일 좋아하는 TV 프로그램은 SBS 〈생활의 달인〉과 MBC 〈무한도전〉이다.

〈생활의 달인〉을 보다 보면, 다양한 분야의 달인들이 나와 보여 주는 진기명기에 가까운 모습들이 연신 놀라움을 자아낸다. 때로는 그들의 삶이 한 편의 드라마처럼 감동적으로 다가올 때도 있다.

한편 〈무한도전〉의 MC 유재석 님은 〈생활의 달인〉에 출연한 적은 없지만, 그야말로 예능에 있어 달인의 경지에 이르렀다는 생각이 든다. 사람을 들었다 놨다 하는 그의 말재간과 센

125   희망과
함께 가라

스는 언제나 내게 경탄의 대상이었다.

그러던 어느 날 〈무한도전〉을 보다가, 늘 유쾌한 줄만 알았던 그가 가수 이적 님과 함께 부른 차분한 노래 '말하는 대로'를 듣게 되었다. 유재석 님의 경험담을 토대로 이적 님이 작사를 했다는 그 곡은 내 가슴에도 잔잔한 울림을 주었다.

"저는 인생의 목표를 잃어버렸어요. 무엇을 해야 할지 모르겠어요."

나는 20대의 젊은 우울증 환자들로부터 종종 이런 이야기를 듣는다. 그럴 때마다 나는 '말하는 대로'를 한번 들어보라고 권한다.

다만 주의해야 할 것이 있다. 이 노래를 단지 '간절히 원하면 이루어진다'는 식으로 해석하는 것이다. 이 노래의 핵심은 사실 그렇게 미친 듯이 달려들어 본 적은 없었다는 것을 깨닫고서, 자기 자신을 다시 일으켜 세웠다고 이야기하는 가사에 담겨 있다.

우리의 인생이 말하는 대로 이루어지는 것은 아니다. 아무리 소망하고 아무리 노력해도 도저히 안 되는 것도 있다. 하지만 말하지도, 소망하지도 않으면 그것이 이루어질 가능성조차 없어져 버린다. 무엇인가를 바란다면, 말해야 하고 노력해야

죽고 싶은
사람은 없다

한다는 평범한 진리. 나는 이것을 머리로는 알고 있었지만, 가
슴으로는 깨닫지 못하고 있었다.

말하는 대로
될 수 있다고

아프기 전까지의 내 인생을 돌아보면, 때로 힘든 순간도 있
었지만 대개는 순탄했던 것 같다. 고등학교 시절 공부를 잘하
는 편이었던 나는 시험 운도 나쁘지 않아서 그 흔한 재수 한
번 하지 않고 곧바로 의과 대학에 합격할 수 있었다. 의대를
졸업한 후에는 원하던 대로 정신건강의학과 전문의가 되었으
며, 임상 강사 2년을 거친 후 운 좋게도 서울 시내에 있는 대
학병원의 교수가 될 수 있었다.

나의 직업은 인생의 가장 힘든 시기를 보내는 사람들, 깊은
절망과 좌절에 몸서리치는 사람들, 미래에 대한 불안으로 인
해 괴로워하는 사람들을 위로하고 그들의 불운에 공감해 주는
것이었지만, 정작 나 자신은 대부분의 경쟁에서 별로 져 본 적
도, 실패한 선택을 해 본 적도, 경제적 어려움에 시달려 본 적

도 없었다. 나는 내가 아프게 된 이후에야 비로소 이 사실을 깨닫게 되었다.

아프고 난 후 '말하는 대로'를 들으며, 나는 '미친 듯이 달려들어 본 적이 없었다. 그래서 자기 자신을 일으켜 세웠다'라고 하는 내용의 바로 그 가사가 마음속에 들어와 박히는 것을 느꼈다.

'나에게 그동안 제대로 된 고통이 찾아온 적이 없었구나. 그러니 절망에서 벗어나려고 미친 듯이 무언가를 해 본 적도 없었지.'

이런 생각이 들자, 나도 모르게 조용히 눈물이 흘렀다.

나는 매일 심각한 통증으로 하루를 시작하고, 예전에는 아무런 생각 없이 할 수 있었던 간단한 달리기조차 이제는 제대로 할 수가 없다. 마치 반도체 조립 공장의 직원이 된 것처럼 동선을 생각해 가며 조심스럽게 움직여야 하고, 살얼음판을 건너는 심정으로 겨우 하루 일과를 끝내고 나면 동료들과의 회식이나 취미 활동은 엄두도 내지 못하고 서둘러 귀가해야 한다.

그리고 단지 다음 날 출근하기 위해 꼼짝도 하지 못하고 누워 있어야 한다. 그러다 밤이 되면 잠이 드는 것도, 어렵게 든

죽고 싶은
사람은 없다

잠을 유지하는 것도 모두 방해하는 지긋지긋한 통증으로 인해 수없이 뒤척이며, 진통제의 도움을 받아 겨우 눈을 붙이는 생활을 기약 없이 반복한다. 삶은 그저 벗어나고 싶은 괴로움의 덩어리로만 느껴지고, 어느새 죽음은 먼 미래의 것이 아니라 아주 가까운 곳으로 다가와 이제 그만 이 지긋지긋한 괴로움을 끝내라고 유혹한다.

매일 밤, 잠을 자고 일어나면 고통이 사라지고 병이 발생하기 이전처럼 건강해지길 희망하며 잠자리에 들지만, 다음 날 아침이면 아무것도 변하지 않은 채 하루 치의 고통이 무심한 태양과 함께 다시 떠오른다. 그렇게 매일 아침을 하루 치의 고통과 함께 시작할 때마다 이제 그만 무릎 꿇고 싶다는 생각을 하게 된다.

그래도 절망하지 않으려고 마음을 다잡는다. 그러면서 내가 아픈 이유는 아직까지 내가 '나 자신의 고통과 감정, 생각을 제대로 통제하지 못해서'라고 믿기로 했다. 물론 이것이 잘못된 믿음일 수도 있다. 그러나 이렇게 믿는다고 해서 현재의 내가 손해 볼 것은 전혀 없지 않은가. 그렇게 보면 이는 매우 합리적인 선택이라고 생각한다.

작은 행동이 모여
신념을 만든다

스톡데일 패러독스에서도 살펴봤지만, 사실 무작정 믿는다
고 해서 긍정적인 결과, 희망찬 미래가 예약되어 있는 것은 아
니다. 미안한 이야기이지만, 믿음만으로 되는 일은 세상에 아
무것도 없다.

나는 희망에 행동 혹은 실천이 결합됐을 때 이를 '신념'이
라 부르며, 이것을 일반적인 '믿음'과 구분해 사용한다. 바꿔
말하면, 실천이 없는 신념은 신념이 아니다. 신념은 희망을 현
실화하고 마침내 고통을 견딜 수 있게 해 주는 힘을 제공한다.
이 '신념'이야말로 희망의 근거를 찾는 데 필요한 첫 번째 요
소이다.

그렇다면, 1톤 트럭에 5톤의 짐을 실은 것처럼 고통의 무게
가 너무 커서 힘들게 시동을 켜더라도 1미터조차 제대로 움직
일 수 없겠다 싶을 때, 우리는 과연 어디에서 희망을 찾아야
하는 것일까? 이러한 '매우 힘든' 상황에서도 과연 모든 게 좋
아질 거라는 막연한 기대 대신, 실천이 결합된 '신념'을 가질
수 있을까?

죽고 싶은
사람은 없다

나는 바로 지금 내가 할 수 있는 실천을 아주 작은 행동부터 해 보기로 했다.

나는 일요일에도 늦게까지 잠을 자지 못한다. 모두가 잠들어 있는 깜깜한 새벽, 원치 않게 잠에서 깨었을 때 나는 운동, 정확히 말해 맨손 체조를 하기 시작한다. 그렇게 몸을 움직이면 기분이 나아진다. 물론 새벽에 혼자서 스트레칭과 체조를 하다 보면 가끔 서글퍼질 때도 있긴 하지만, 가만히 누워서 몸의 어느 부위가 아픈지 느끼면서 괴로워하는 것보다는 훨씬 낫다. 어떤 날은 간단한 체조조차 부담스러울 만큼 몸이 힘들거나 출근 시간에 맞추느라 집에서 하는 체조를 건너뛸 때도 있다 그런 날에는 연구실에 들어가서라도 반드시 체조와 스트레칭을 한다.

처음에는 쉽지 않았지만, 이런 행동들이 하나둘씩 쌓여 가자 마법과도 같은 일이 일어났다. 바로, 그런 과정을 통해 '오늘을 열심히 살겠다'고 하는 내 '신념'이 점점 강화되는 것을 느낀 것이다.

빗물에 서서히 파여 가는 바위를 생각해 보자. 빗방울 하나는 세상에 아무런 변화를 주지 못한다. 하지만 수많은 빗방울이 수없이 긴 시간 동안 계속 땅바닥에 떨어지게 되면, 마침내 거대한 협곡이 만들어진다. 보는 사람을 절로 겸손하게 만드는 그랜드캐니언 역시 빗방울 하나에서 만들어지기 시작했을 것이다.

거대한 피라미드는 또 어떠한가. 돌덩이를 하나씩 하나씩, 수많은 시간 동안 쌓아 올려 만들어 낸 것이 아닌가.

나는 종종 내가 지금 피라미드를 쌓아 올리는
일꾼이 된 것처럼 느껴진다.
그리고 매일 내가 하는 '행동'들이
돌덩이를 하나씩 쌓는 것과 같다고 생각한다.
이 돌덩이들이 모여 어느 날
위대한 피라미드가 될 것이라 믿는다.

말하는 대로 되지 않을 수도 있지만, 나는 계속해서 내 희망을 이야기하며 나의 삶을 살아갈 것이다. 언제까지라고 기한을 정하지는 않겠지만, 언젠가는 반드시 나아질 것이라 믿으면서 오늘을 살아갈 것이다. 설령 나아지지 않는다 해도, 죽는 날까지 평생을 고통에 시달린다고 해도, 수많은 오늘을 견디고 하루하루를 살아가는 과정은 그 자체로 충분히 의미가

죽고 싶은
사람은 없다

있으며 기억할 만한 가치를 지닌다고 믿는다. 그렇게 살다 간다면 나를 기억하는 누군가는 아니 최소한 나의 가족들은 나를, 어느 순간 찾아온 불행으로 인해 괴로움에 시달리다가 비참하게 삶을 마무리한 만성 통증 환자가 아니라, 자신의 삶 마지막 순간까지 고통에 시달리면서도 열심히 인생을 살다 간 사람으로 기억할 것이라 기대한다.

우울증으로 입원했던 환자분들이 퇴원할 때, 나는 그분들이 입원 기간 동안 무엇을 느꼈는지 늘 물어본다. 다양한 대답들이 나오는데, 그중에서도 어느 50대 여자분이 했던 이야기가 가장 기억에 남는다.

"선생님, 저는 제가 우울증을 이겨 낼 수 있다는 것을 알았어요."

그렇게 말한 순간부터, 나는 그녀가 더는 우울증에 시달리는 환자가 아니라 우울증에 맞서 싸우는 용기 있는 사람이 되었다고 느꼈다. 또한 그녀의 그 말은, 같은 상황에 놓인 나 자신에게도 무척이나 큰 의미로 다가왔다.

데카르트가 말했던 것처럼 인간은 생각하고, 그로 인해 존재한다. 생각, 즉 사고는 언어를 매개로 이루어진다. 내가 지금 하고 있는 말은 내가 맞이하게 될 미래의 예고편이다. 보다 나은 미래를 원한다면, 아무리 어렵더라도 내가 처한 이 상황에서 최선을 다하겠으며 당장 문제가 해결되지 않더라도 "될 때까지 해 보겠다"라고 하는, 누구보다도 자기 자신에게 도움이 되는 말을 스스로에게 들려줄 수 있어야 한다. 바로 여기에서부터 고난의 극복은 시작될 수 있다.

죽고 싶은
사람은 없다

현실 직시:
답이 없음이 답일 때

전문의 자격을 취득한 후 1~2년 동안 나는 환자분들의 질문에 대해 "잘 모르겠습니다"라는 이야기를 한 적이 없었다. 사실 잘 몰라도 어떤 식으로든 대답을 했다. 환자들이 도움을 필요로 하는 어떤 상황에 대해 "모릅니다" 혹은 "그 상황에는 답이 없습니다"라는 말을 하는 나 자신을 스스로 받아들일 수 없어서였다.

그러나 그런 말을 하지 않는다고 해서 없던 답이 생겨나는 건 아닐 터. 내가 환자분들의 질문에 "모릅니다"라는 답을 부끄러움 없이 할 수 있기까지는 거의 10년의 시간이 필요했다.

희망과
함께 가라

그것은 나의 전공 분야에 대해 상당한 지식과 임상 경험이 쌓여, '내가 모르면 그것에 대해 답할 수 있는 사람이 거의 없을 정도'라고 자부할 수 있을 때였다.

이제 나는 여기서 한 발 더 나아가 경우에 따라 "그 상황에는 답이 없습니다"라는 말도 할 수 있게 되었다. 물론 그럴 때는 한마디를 더 덧붙인다.

"답이 없다고 절망할 것이 아니라, 그 상황을 받아들이고 견뎌야 합니다. 그것이 바로 답입니다."

현실과 마주할 용기

때때로 현실은 너무나 기구하다. 조현병의 유병률은 1퍼센트이다. 이 말은 전체 인구의 99퍼센트는 조현병에 걸리지 않는다는 것이다. 하지만 우리나라 인구는 5,000만 명이 넘으니 그 인구의 1퍼센트라고 하면 무려 50만 명이나 된다. 따라서 누군가는 반드시 조현병으로 고통받는 '50만 명 중 한 사람'이 될 수밖에 없다.

죽고 싶은
사람은 없다

인류 역사상 가장 위대한 천재인 아인슈타인은 "신은 주사위 놀이를 하지 않는다"라고 했지만, 실제 생활에서 그 주사위 놀이는 누군가에게 저주처럼 작용한다. 로또에 당첨되는 믿기지 않을 정도의 행운을 거머쥘 수도 있지만, 고층 아파트에서 투신하는 사람에게 깔려 죽는, 확률적으로 보면 도저히 있을 것 같지 않은 어처구니없는 사건을 겪기도 하는 것이 보통 사람들의 인생이다.

도저히 믿고 싶지 않은 불행의 주인공이 되어 버렸을 때, 누구나 처음 보이는 반응은 바로 '현실 부정'이다. 자신에게 벌어진 일을 결코 인정할 수 없는 것이다. 현실을 부정하다가 그것이 실제 벌어진 일이라는 것을 인식하고 나면, 그다음으로 보이게 되는 반응은 '분노'이다. 왜 다른 사람에게는 일어나지 않는 일이 하필 나에게 일어난 것인지, 그 모든 상황에 대해 화가 나게 된다. 무엇이 잘못된 것일까, 누구로 인해 벌어진 일일까를 고민하며 있지도 않은 원인 제공자를 만들어 내고서 증오하기도 한다.

하지만 설령 원인 제공자가 존재한다고 해도, 문제의 원인을 파악했다고 해도, 문제를 다 해결할 수 있는 것은 아니다. '매우 힘든' 상황은 대부분 원인을 어렵게 알아냈어도 문제 자

희망과
함께 가라

체가 지속되는, 정말 지독한 것이기 때문이다.

그래서일까.

그렇게 힘들어서일까.

사람들은 자신의 현실을 객관적으로 바라보지 못한다.

나는 인턴 시절 당뇨 합병증으로 썩어 가는 환자의 발을 한 달 동안 매일 소독했던 적이 있다.

"제 발을 쳐다보지 못하겠어요."

내가 소독할 때마다 고개를 돌리며 낮은 목소리로 이렇게 말씀하시던 그분은 직업 군인 출신으로, 매우 건장한 모습의 중년 남자였다. 힘겨운 육체적 훈련과 고통에 익숙한 베테랑 군인 출신이었지만, 자신의 아픈 발가락을 볼 용기는 없었던 것이다.

누구보다 용감한 군인조차 이러한데, 하물며 보통 사람들은 오죽할까. 대부분이 엉망이 되어 가는 자신의 모습을, 점점 더 나빠지는 자신의 상황을 정면에서 바라보지 못한다. 어떨 때는 이를 전면 부정하기까지 한다.

그러나 아무리 시궁창 같은 현실일지라도 이를 똑바로 보아야 한다. 감당하기 어려운 일을 겪어 내려면, 아무리 괴롭더라도 현실과 직면해야만 한다.

수영을 배우는 과정을 생각해 보자. 우선 물속에 머리를 담글 수 있어야 한다. 그것을 두려워한다면, 결코 수영을 배울 수 없다. 물속에 머리를 담그는 것은 처음엔 무서운 일일 수 있지만, 그렇다고 물이 두려워 머리 담그기를 포기한다면 결국 영원히 수영을 못 하는 사람으로 살 수밖에 없다.

다섯 살 미만의 어린아이들이 숨바꼭질을 할 때 하는 행동을 떠올려 보자. 이 아이들은 자신의 머리만 안 보이게 숨곤 한다. 내가 보지 못하므로 다른 사람도 자신을 보지 못한다고 생각하는 것이다. 그렇지만 현실은 그렇지 않다는 것을 우리 모두 잘 알고 있다.

피한다고 해서 달라지는 것은 아무것도 없다. 현실은 여전히 나의 의지와 무관하게 존재한다. 내가 절망스러운 상황에서 할 수 있는 유일한 일은 그것에 직면하는 것, 내가 할 수 있는 일을 찾아서 될 때까지 반복하는 것뿐이다.

그러려면 일단 현실을 피하지 않고 제대로 바라볼 수 있어야 한다. 썩어 가는 자신의 발을 볼 수 있어야 경과를 살피고, 의사와 그다음 치료법에 대해 논의할 수 있는 법이다. 현실과

똑바로 마주했을 때, 그때야 비로소 해결의 실마리가 보이는 것이다.

일상을
유지해야 한다

출구가 없는 답답한 상황에 놓인 사람들, 바꿔 말해 희망을 상실하고 우울해진 사람들은 일상의 많은 것을 포기하거나 중단한다. 일상을 바로 쳐다볼 수 없어서, 이런 절박한 상황에 놓인 내가 일상적인 일들을 하는 게 정상적이지 않은 것 같아서 그럴 것이다.

그러나 일을 그만두고, 사랑하는 사람과 헤어지고, 취미생활을 끊고……. 그렇게 소중한 것들을 하나하나 정리하다 보면 어느 순간 자신의 존재, 즉 삶 그 자체마저 중단하고 싶다는 생각까지 하게 된다. 이때, 상황을 점점 더 나쁘게 만드는 요인은 외부에만 있는 것이 아니다. 상황을 비관적으로 느끼고 자신의 일상을 하나씩 그만두는 과정 자체가 우울감을 더 악화시킨다.

죽고 싶은
사람은 없다

우리 삶에 좋은 일만 있을 수 있을까? 그런 일은 천국에서나 가능할 것이다. 단언컨대, 현실에서는 그런 일이 있을 수 없다. 나쁜 일은 누구에게나 일어날 수 있으며, 때때로 우리는 지독하게 운 나쁜 일을 겪을 수도 있다. 하지만 거듭 강조하다시피 나쁜 일이 우리 삶에 미치는 영향은 그 자체의 크기로 결정되는 것이 아니라, 그러한 사건에 대한 나 자신의 반응으로 인해 결정된다.

보통 사람의 정신력은 그리 강하지 않다. 따라서 우리가 삶을 살아가며 적당한 수준의 사기를 유지하려면 반드시 긍정적인 경험이 필요하다. 나쁜 사건, 특히 답이 없는 상황에 처한 사람들이 범하는 가장 큰 실수는 바로 이런 긍정적인 경험조차 중단하는 것이다. 일상에 즐거움을 주는 소소한 활동들, 이를테면

친구와 전화로 수다 떨기.

동료들과 점심으로 특별한 음식 먹어보기.

애완견과 공원 산책하기.

좋아하는 스포츠 팀 경기를 보며 응원하기.

밤 아홉 시, 치킨을 배달시켜 손에 양념을 잔뜩 묻히며 먹기.

희망과
함께 가라

이런 것들을 점차 끊어버리는 것이다. 사람들은 평소 이런 일들이 소중하다는 생각을 거의 하지 않는다. 하지만 이런 일들을 할 때 우리는 대체로 좋은 기분을 느낀다. 그런 좋은 기분을 느끼는 순간순간이, 곧 행복이라는 커다란 퍼즐의 한 조각, 한 조각들이다. 그 조각들이 모여 행복의 큰 그림을 완성할 수 있는 법이다.

그런데 이런 삶의 긍정적인 요소들을 조금씩 없애다 보면, 어느 순간 내 삶에 즐거움을 주는 것들이 하나도 남아 있지 않음을 발견하게 된다. 이는 나 스스로 내 절망의 크기를 더 키우는 꼴이다.

일상을 유지해야 한다. 이것은 정말로 중요한 일이다. 끼니를 거르지 않고, 친구들을 만나고, 가족들과 나들이를 하고, 운동이나 산책을 하고……. 이런 일들을 포기해선 안 된다. 그래야만 정말로 답답하고 괴로운 상황조차 마침내 받아들일 수 있게 된다.

받아들인다는 것은 포기한다는 것과 완전히 다르다. 받아들인다는 것은 내 인생에서 나의 힘으로 어찌할 수 없는 부분이 존재한다는 것을 인정하지만, 그것이 단지 내 인생의 작은 조각이 되도록 하겠다는 것이다. 우리 인생은 엄청나게 많은

죽고 싶은
사람은 없다

사건, 다양한 사람들과의 관계, 유년 시절의 사건부터 얼마 전 보았던 코미디 프로그램의 유행어까지 무수한 기억들의 집합으로 구성되어 있다. 이 집합에서 고통스럽고 부정적인 일은 한 조각에 불과하다. 이 조각 하나로 인해 나머지 조각들까지 전부 없애 버리는 것은 너무나 어리석은 짓이다.

희망과
함께 가라

인내:
한계를 인정하면서 한계를 넓히기

살다 보면, 무조건 잘 견디는 것이 능사가 아닐 때가 많다. 괴로운 일이 있어도 참기만 하다 보면, 마음의 상처가 곪아 큰 불행으로 이어질 수도 있다.

그런데 참지 않으면 방법이 없을 때도 있다. 단기간에 해결되지 않는 상황을 겪었거나 겪어 내는 사람이라면, 이 말에 뼈저리게 공감할 것이다. 보통 이상의 곤경에 맞서야 할 때, 인내는 '미덕'이 아닌 '생존 필수 요소'가 된다.

그렇다면 무작정 참아야만 하는 것일까. 그래야 한다고 생각하는 것만으로 벌써 이렇게나 한숨이 나오는데 말이다.

인내가
필요할 때

세상에 존재하는 거의 모든 것에는 한계가 있다. 우주의 시작에 대한 가장 신뢰할 만한 과학 이론인 '빅뱅 이론'부터 성경의 창세기 1장에 나오는 "빛이 있으라"라는 구절에서도 알 수 있듯이, 빛은 모든 것의 근원이라 할 수 있다. 빛의 속도는 절대적이어서 관측자의 속도와 관계없이 일정하다. 또 자연계에서 빛보다 빠른 것은 없다고 알려져 있다. 하지만 그런 빛조차도 속도의 한계가 엄연히 존재한다. 하물며 인간은 어떻겠는가.

흔히 우리는 "저 사람, 참 인간적이야"라는 말을 하곤 한다. 이 "인간적이야"라는 말 안에는 '정이 많다'는 의미도 있지만, 사실 '어처구니없는 실수나 어리석은 잘못을 범하기도 하는, 한계를 가진(역설적으로, 그렇기 때문에 더욱 인간적이기도 한) 존재'라는 의미가 더 크다.

간혹 우리는 고난과 역경에 처한 사람들이 초인적인 노력과 인내로 그것을 극복한 이야기를 뉴스나 영화로 접하게 된다. 하지만 이것은 현실에서는 있기 힘든, 그야말로 '인간적이

희망과
함께 가라

지 않은' 사례일 뿐이다. 보통 사람들은 고난의 순간 부득이한 내부적·외부적 한계를 확인하고 나면, 곧 좌절하게 마련이다.

다만 같은 상황이라 하더라도 다른 결과를 만들어 내는 사람들이 있다. 이들과 보통 사람들 간의 결정적인 차이는 좌절 그 이후에 나타난다.

정신적·육체적 한계에 도달하게 되면, 대부분의 사람은 완전히 탈진한 나머지 모든 것을 멈춘다. 물론 잠시 멈추는 것은 어쩔 수 없는 일이다. 문제는 그 한계선을 조금이라도 뒤로 미루려 다시 노력하고 인내할 수 있느냐다. 드물지만 이것을 해내는 누군가는 반드시 존재한다.

이러한 상황에서의 인내가 즉각적인 성과로 이어지는 것은 매우 어려운 일이다. 아무리 노력하고 최선을 다해도 조금의 변화도 없는 것처럼 느껴지는 날들이 이어지고, 때로는 오히려 이 노력으로 인해 상황이 더 나빠지는 것 같은 착시 효과가 나타나기도 한다. 그렇다고 해서 모든 것을 멈추는 것이 답은 아니다. 그렇게 하는 순간, 내가 선택하고 움직일 수 있는 영역은 더욱 작아지고 결국 언젠가는 아무것도 할 수 없게 되어 버린다.

뇌졸중으로 인한 편측마비로 우울증에 걸려 나를 찾아왔던 환자가 있었다. 50대의 잘나가는 사업가였던 그는 욕실에서 샤워를 하던 도중 갑자기 쓰러졌는데, 가족이 이를 늦게 발견하는 바람에 치료의 골든타임을 놓치게 되었고, 이후 후유증으로 편측마비가 온 케이스였다.

"이-런 몸으로 살-아-서 무엇-해-요. 그-냥 빨-리 죽고 싶-어요."

그는 웅크린 자세에 어두운 표정을 하고 어눌한 발음으로 천천히 말을 이어 나갔다. 왕성하게 사회 활동을 하던 삶의 전성기에 갑자기 병마가 찾아왔을 때 우울해지는 것은 어쩌면 너무나 당연한 일이다. 가족들은 그에게 "조바심 내지 말고 재활 치료를 열심히 받으면 천천히 좋아질 것"이라는 재활의학과 선생님의 말을 전하며, 실의에 빠진 그를 위로해 주었으나 아무런 소용이 없었다.

"(재활) 치료 (아무리) 해 봤자 그대로예-요. 좋-아-질 것 같지 않-아요."

뇌졸중으로 근육과 신경에 손상을 입은 후 재활 운동을 할 때, 처음에는 관절의 운동 범위가 매우 제한적이게 마련이다. 하지만 몇 주, 몇 개월, 길게는 수년간 운동을 반복하다 보면, 운동이 제한되는 범위가 점차 줄어든다. 개인에 따라 그것이

희망과
함께 가라

더 빨리 진행될 수도, 더 느리게 진행될 수도 있지만 어쨌든 좋아진다는 것만은 분명하다. 이것은 수많은 유사 사례들이 증명해 주고 있는 바다.

그러나 그는 하루하루의 변화 없음에만 집중하면서 좌절하고, 스스로 자신의 한계를 규정하고 있었다. 그것이 그의 정신에 심각한 악영향을 끼친 것은 물론이다.

어떤 변화는 매우 천천히 진행된다. 내가 미국에서 돌아와 혼자서 수술을 받았던 2013년의 겨울은 유난히 추웠다. 그 겨울, 아파트 단지의 그늘진 구석에 붙어 있던 얼음덩어리는 너무나 두껍고 단단해서 도저히 녹을 것 같아 보이지 않았다.

수술 후, 보조기를 하고 아파트 단지 안을 천천히 걷는 운동을 하던 나는 매일 그 얼음덩어리를 보고 있었다. 하루가 지나고 이틀이 지나도 그 얼음덩어리에는 아무런 변화도 없었고, 오히려 눈이 온 다음 날이면 얼음덩어리는 더 커져 있기까지 했다.

하지만 기어코 봄은 찾아왔다. 도저히 녹을 것 같지 않던 얼음은 어느새 흔적도 없이 사라져 버렸고, 그 자리에는 진달래가 자라나 있었다. 포기하지만 않는다면 확실히 시간은 우리의 편임을, 그때 새삼 확인할 수 있었다.

한계선은 매일
새롭게 그려진다

내가 무언가 남들보다 모자라고 부족하다는 사실을 알게 되었을 때 또는 아무리 생각해 보아도 답이 없는 한계 상황에 직면했을 때, 우리에게 주어지는 선택지는 그리 많지 않다. 제일 흔한 행동 패턴은 내가 가지고 있지 않은 것을 가지고 있거나 나보다 사정이 나은 사람들을 부러워하거나 미워하는 것이지만, 이것이 아무런 의미도 없으며 어떠한 변화도 만들지 못한다는 것은 누구나 다 알고 있다.

어느 순간 나의 생활 혹은 목표를 제약하는 한계가 생겼다면 부족한 부분을 보완하고 주어진 한계 상황을 극복해 내기 위한 실천 활동, 즉 '연습'을 해야만 한다. 물론 연습을 한다고 해서 원하는 것이 모두 이루어지지는 않는다.

그렇지만 확실한 것은, 되든 안 되든 내가 무언가를 시도하고 있을 때 나는 무언가를 하고 있는 것이며 최소한 그 행위에 있어서는 내가 주도권을 가지게 된다는 사실이다. 반면, 한계에 직면하여 모든 것을 멈춰 버리는 순간, 좌절은 포기로 이어져 우리는 아무것도 하지 않게 되고, 결국 할 수 있는 것이라고는 그저 상황이 개선되기만을 기다리는 일밖에 없는 상태가 되고 만다.

한계 범위를 넓히기 위한 나의 가장 중요한 노력은 통증으로부터 자유로운 시간을 늘리는 것이었다. 거의 온종일 통증과 이상 감각에 시달리는 나는 하루에 몇 시간만이라도 아프지 않았으면 하고 절실히 바랐다. 아프지 않은 시간을 늘리기 위해 내가 처음에 했던 시도는 되도록 아무것도 하지 않는 것이었다. 이 방법은, 몸은 더 쇠약하게 하고 마음은 더 우울하게 만들 뿐이었다.

이제 나는 무엇인가에 몰입하려고 노력한다. 무엇이든지 간에 내가 그것에 몰입해 있을 때는 고통에서 잠시나마 자유로워질 가능성이 있다는 것을 알게 되었다. 깨어 있는 하루 중 단 몇 시간씩이라도 고통에서 자유로운 시간을 늘려 나가기 위해, 나는 나의 일에 열중하는 것과 동시에 새로운 책을 읽고 음악을 들으며 영화를 보고 게임도 한다. 이 과정에서 몹시 기쁘게도 세상에는 흥미로운 것들이 무궁무진하다는 것을 깨닫게 되었다. 내가 아프기 전에는 전혀 관심도 없었고 듣도 보도 못했던 수많은 명작 소설, 명작 영화, 명작 게임, 명작 음악들이 존재한다는 사실이 나를 흥분시켰다.

어떤 날은 아픈 시간이 더 늘어나는 것 같기도 하지만, 비교 단위를 하루가 아닌 1주일, 한 달로 늘려보면 그래도 '고통 없는 시간pain-free hours'이 아주 조금씩이나마 늘어나고 있음을 느낀다.

답답하고 괴롭고 출구가 보이지 않는 상황이라면, 가만히 있는 것 혹은 그저 기다리는 것이 상황을 개선하는 데 전혀 도움이 되지 않는 게 분명하다면, 비록 한계선 밖으로 나가지 못한다 하더라도 최소한 그 한계까지는 가보아야 한다. 그리고 매일 조금씩이라도 한계선을 뒤로 미루어 활동 범위를 넓혀 나가야 한다. 진정한 '인내'는 무조건 참고 견디는 것이 아니라, 당장의 변화가 나타나지 않더라도 무언가 해야 할 일을 계속하는 것이라고 믿는다.

단, 주의해야 할 것이 있다. 무엇을 시도하든 한계를 인정하면서 해야 한다는 것이다. 한계를 인정하면서 한계를 넓혀 나가는 것이 결코 쉬운 일은 아니지만, 희망적이게도 우리에게는 매우 명백한 사실이 있다.

모든 한계는 오늘, 지금 이 순간의 한계다.
내일의 한계선은 오늘의 노력에 의해 새로이 그려질 것이다.

희망과
함께 가라

한계 범위를 아주 조금 넓히기 위해 때로는 매우 많은 시간과 눈물겨운 노력 그리고 초인적인 인내가 필요할 수도 있다. 세상에 공짜는 없으니, 당연한 일이다. 그러나 삶의 어느 순간, 자신이 바닥에 떨어져 버렸다고 느낀다면 아무것도 하지 않는 것보다는 무언가를 하는 편이 훨씬 나을 것이다. 당장의 변화 없음에 흔들리지 말고 하던 일을 계속하는 것이 때로는 우리에게 주어진 유일한 선택지일 수 있다. 현재의 상황을 조금이나마 나아지게 할 수도 있는 일이라면, 실행해 보는 게 밑져야 본전 아니겠는가.

지금 그리고 여기:
미래와의 관계 형성하기

희망은 과거에도 현재에 있었고, 지금도 현재에 있으며, 미래에도 현재에 있을 것이다. 즉,

희망은 오로지 현재에만 존재한다.

시간은 내 존재와 관계없이 흘러간다. 내가 사라져도 이 지구에 달라지는 것은 별로 없을 것이다. 하지만 나에게 '내가 존재하지 않는 지구'란 없는 것이나 마찬가지다. 오로지 현재의 나만이 영구한 시간의 흐름 속에서 과거와 미래의 연결 고

희망과
함께 가라

리 역할을 한다. 내가 있음으로 인해 시간은 비로소 의미를 갖
게 되는 것이다.

희망은 우리가
현재에 있도록 도와준다

때로는 현재 그 자체가 고통의 원인이 되기도 한다. 삶이
고통스러울 때 사람들은 현재를 외면하고, 막연하게 '앞으로
더 좋아질 것'이라며 미래를 향한 기약 없는 기대를 품게 된
다. 하지만 아무리 고통스러워도 현재를 받아들이지 못한 상
태에서 갖는 이러한 기대는 희망이 아니다. 희망은 오히려 고
통 속에서 고통을 직면하게 함으로써, 우리가 현재에 있도록
도와주는 것이다.

미래는 현재의 결과다. 현재에 충실할 때에만 희망은 단순
한 기대가 아니라 미래의 현실로 구체화될 수 있다. 과거는 지
나간 현재였으며 미래는 다가오는 현재이다. 모든 생명체에게
시간은 오로지 '현재'로만 경험된다. 고통으로 인해 현재를 허
비하다 보면, 현재의 결과인 미래는 고통의 연장선으로만 존재

할 뿐이다.

감당하기 힘들 정도로 통증이 커졌을 때, 나는 매일 아침 눈을 뜨자마자 죽음을 생각했다. 간혹 "대체 감당하기 힘든 정도의 통증이 어떤 건데?"라고 묻는 사람들이 있다. 그러나 내가 경험한 그리고 지금 경험하고 있는 통증이 실제로 어느 정도의 크기인지, 그것이 정말 내가 감당할 수 없을 정도로 심한 것이었는지에 대해 탐구하는 것은 별 의미가 없다. 통증은 철저하게 주관적인 경험이기 때문이다.

고통에 시달리기 전, 나는 신경외과, 정형외과 등에서 수술 후 통증에 시달리는 사람들, 내과에서 암으로 인해 괴로움을 겪고 있는 사람들을 많이 만났다. 정신건강의학과에서의 트레이닝 경험 덕분에, 나는 내가 만난 환자들에게 다른 과 의사들처럼 "당신의 통증은 실제보다 과장된 것"이라고 말하는 어리석음을 범하지는 않았지만, 솔직히 말하면 그들의 절박한 호소가 지겨웠고 때때로 귀찮았다.

"아파요." "괴로워요." "너무 힘들어서 아무것도 할 수가 없어요."

내가 의사로서 만났던 만성 통증 환자들은 죄다 이런 말만 끝도 없이 반복할 뿐이었다. 그때 나는 정신건강 전문의의 역할이 만성 통증과 상호 작용하는 우울증(우울증은 사람이 통증에 더 민감해지도록 만든다)을 치료해, 고통을 부분적으로나마 경감시켜 주는 보조적인 역할이라고 생각했다.

하지만 지금의 나는 우울증보다는 그들이 겪는 통증과 고통 그 자체에 더 초점을 맞춘다. 만성 통증에 시달리는 환자들이 일상을 회복하기 위해 간절히 바라는 전제 조건, 즉 "통증이 사라져야 내가 정상적으로 살 수 있다"라고 하는 조건을 충족시킬 수 있도록 도우려 한다.

약을 한 움큼씩 매일 수년간 먹고 여러 번의 시술과 힘겨운 수술까지 받아도 도저히 사라지지 않는 통증을, 어떻게 일개 정신건강 전문의인 내가 없앨 수 있겠는가. 다만 나는 통증이 사라지지 않더라도 오늘의 일상을 회복하려고 노력할 때 통증도 점차 줄어들 것임을 환자 스스로 깨달을 수 있을 때까지 그분들을 격려하면서, 그분들의 작은 성취에 함께 기뻐하고 그분들이 오늘을 살도록 도우려 한다. 그것이 내가 그분들을 위해 할 수 있는 그리고 통증에 효과가 있는 유일한 방법이라고 믿는다.

현재를 미래로
만드는 법

과거는 이미 지나가 버린 것이었기에 어느 누구도, 어떠한 방법으로도 그것을 변화시킬 수는 없다. 과거에 집착하는 것은 대부분 정신적인 괴로움만 가중시키는 의미 없는 행위, 그러니까 시간 낭비다.

하지만 보통 이상의 곤경에 처한 사람들은 누구나 과거를 회상하고 과거에 집착한다. 문제는, 이때 연상되는 과거의 기억이 대부분의 판단 실수나 잘못했던 일 등이며, 이는 결국 후회나 미련, 아쉬움과 같은 부정적인 감정으로 귀결된다는 것이다. 드물게 좋은 기억을 떠올리더라도 "예전에는 내가 괜찮았는데, 지금은 이렇게 되어 버렸네"라며 부정적인 결론으로 마무리되고 만다. 그 결과, 우울감이 생겨나는 것이다.

한편 미래는 아직 오지 않은 것이어서, 정도의 차이는 있지만 우리 모두 미래에 대해 얼마간 불안감을 가지고 있다. 특히나 부정적인 결과가 예견될 만한 요소가 있거나 어떤 일이 생길지 전혀 예측할 수 없는 미래라면, 불안감은 더 가중될 수밖에 없다. 이런 미래에 대한 불안감으로 인해 현재를 제대로 준

희망과
함께 가라

비하지 못한다면, 결국 현재의 내가 가장 불안해하는 미래를 맞이하게 될 가능성이 커지는 역설적인 상황이 되고 만다.

나 역시 우울증을 앓으며 현재의 고통과 직면하기 두려운 마음에 과거와 미래에 대해 오래도록 생각하면서 끝도 없는 후회와 불안에 괴로워하곤 했다. 그러다 점차 우울증에서 조금씩 회복하면서 현재의 고통을 피하기 위해 죽기보다 오늘 하루를 충실하게 버텨 내기로 마음먹었다.

그렇다 해도 사람들을 만나거나 미래에 대해 이런저런 약속을 하는 것만큼은 여전히 주저했다. 반년 뒤의 여행 계획을 세우는 것은 물론, 한 달 후의 강의 일정을 잡는 것조차 부담스러웠다. 오늘 하루는 어떻게 버티며 살겠지만, 미래에는 내가 어떤 상태가 될지, 과연 그때까지 내가 삶을 지속할 수 있을지 자신이 없었다.

하지만 우울증에서 조금 더 회복된 지금의 나에게는 오늘 하루가, 지금 이 순간의 현재가 너무나 소중하다.

모든 것은 '지금 그리고 여기'에서 비롯되며,

모든 인간은 '지금 그리고 여기'에만 존재할 수 있다.

이 사실을 깨닫게 되면서, '현재'는 나의 전부가 되었다.

죽고 싶은
사람은 없다

신체적 고통을 이유로 절망하면서 헛되이 보내는 시간이 너무나 아깝고 후회스러워졌다. 지금 이 순간의 현재를 소중하게 받아들이게 되면서, 이제 나는 다시 한 달 후, 반년 후의 약속을 잡고 계획을 세운다. 어떠한 고통이 계속되더라도 내가 정한 약속을 지킬 것이라 굳게 다짐하면서.

당연한 일이지만, 나의 고통이 언제쯤이면 사라질 것이라고 스스로 희망의 기한을 정하지는 않았다. 다만 고통이 찾아올 때마다 현재에 충실한 것이 미래에 대한 준비라는 사실을 스스로 납득하려 애쓰며, 내가 세운 계획에서 벗어나지 않으려고 노력한다.

나는 내가 한 달 후의 약속을 지킴으로써 그때까지 버틸 수 있음을, 반년 후의 약속을 지킴으로써 반년을 견뎌 낼 수 있음을 믿는다. 이렇게 현재는 미래와 관계를 맺고, 마침내 미래가 되어 간다. 그리고 나는 적어도 내가 정한 그 부분에 있어서는 원하는 미래를 맞이할 수 있게 될 것이다. 그렇게 나와 내 환자들은 함께 이 고단한 현실을 버텨 내며, 계속해서 살아갈 것이다.

희망과
함께 가라

희망에게 시간을

두려움은 구체적인 대상이 있을 때 경험할 수 있지만, 불안감
은 구체적인 대상이 없어도 경험할 수 있는 심리적인 상태다.
이렇게 서로 성격이 다른데도, 일상생활에서는 대개 불안이
커질수록 두려움도 커지고, 두려움이 커질수록 불안감도 커
진다.

불안감으로 인해 스트레스 상태가 지속되면 우리 몸의 신
경 계통은 과활성화 혹은 민감화한다. 이는 곧 우리가 자신도
모르는 사이에 더 예민해지고, 날카로워지며, 쉽게 짜증 내게
된다는 의미다. 당연하겠지만, 이런 식의 변화는 정말이지 나

죽고 싶은
사람은 없다

쁜 결과를 초래할 가능성이 크다. 몸과 마음이 완전히 지쳐 버리고 마는 것이다.

뇌를 제대로
작동시키려면

최악의 상황에 대한 반복적인 가상 시뮬레이션은 가능성이 낮은 최악의 상황과 그것이 가져올 재앙적인 결과에 대한 두려움을 현실로 받아들이게 하여, 단지 최악의 상황(실제로는 가능성이 매우 낮은)을 피하기 위한 결정을 성급하게 내리도록 자신을 몰아간다. 이렇게 스스로 만들어 낸 가상의 위협을 방어하기 위해 잘못된 결정을 내린 후에는 심한 경우 평생을 자책하고 후회하며 살기도 한다.

폭락 시기의 주식 시장을 생각해 보자. 어떤 기업에 대해 나쁜 소문이 조금 떠돌면, 그 회사의 주식을 가진 사람들은 행여 주가가 떨어지지나 않을까 불안해하기 시작한다. 점차 이에 대한 소문이 널리 퍼지면서 시장에 대한 불안감은 '지금 주식을 처분하지 않으면 큰 손해를 볼지 모른다'는 두려움으로 구체화된다.

그러다 어느 시점에 이르면, 이러한 두려움을 견디지 못한 투자자가 매도에 돌입한다. 하나둘 그렇게 불안감에 시달리던 다른 투자자들도 일제히 매도를 하게 되면, 시장은 걷잡을 수 없이 돌아간다. 즉, 모든 투자자들이 가장 원하지 않는 대폭락이 발생해 버리는 것이다. 불안감이, 절대 원하지 않던 상상을 현실화하는 데 가장 강력한 동력원으로 작용하는 아이러니한 상황이다.

두려움이 합리적인 사고를 방해하는 가장 큰 이유는 과학적으로도 설명할 수 있다.

두려움은 인간 생존에 있어 가장 필요한 기능이었기에, 뇌의 가장 깊숙하고 오래된 부위인 변연계, 보다 구체적으로 편도amygdala에서 발생한다. 생존에 대한 외부 위협이 있을 때, 그것에 대한 생명체의 반응은 맞서 싸우거나 그로부터 도망치는 것이다. 만약 편도에서 두려움이 발생하면, 우리는 두려움의 대상으로부터 도망치는 것으로 반응함으로써 생명을 보존하고자 하게 된다.

이에 반해, 보다 합리적인 판단을 내리게 하고 희망을 갖도록 하는 등 고차원적인 기능에 관여하는 것은 진화의 단계에

죽고 싶은
사람은 없다

서 비교적 최근에 형성된, 뇌의 가장 바깥쪽에 위치하는 전두엽이다.

두려움은 원초적인 감정이며, 즉각적으로 기능하려 한다. 따라서 두려움에 사로잡혀 두고두고 후회할 상황을 만들지 않으려면, 반응을 지연시켜야 한다. 최소한 우리의 뇌가 합리적인 판단 기능을 작동시킬 수 있을 때까지 시간을 벌어야 하는 것이다.

밀물이 썰물로
변할 때까지

내가 지금까지 살아온 데는 반드시 이유가 있었을 것이다. 다시 말해 '삶의 이유' 말이다.

삶의 어느 순간, 고통이 아주 커져 버려 감당하기 힘든 크기가 되면, 이 '삶의 이유'는 보이지 않고 '죽음의 이유'만 수백 가지 떠오르기도 한다. 세상이 나에게 죽어라, 죽어라 하는 것처럼 느껴지는 날도 있다.

그럴 때마다 '삶의 이유'나 '죽음의 이유' 같은 것을 생각하

희망과
함께 가라

고 있다는 것 자체가, 지금 내가 우울해서 그런 것일 가능성이 크다는 점을 상기했으면 한다.

평소 '살아야 할 이유' 같은 것을 심각하게 고민하는 사람은, 그런 일을 과업으로 삼고 사는 철학자 말고는 없을 것이다. 내 삶이 행복하다거나 불행하다고 생각할 수는 있지만, 그저 평범하게 살아가는 보통 사람들은 그런 생각을 전혀 하지 않고 주어진 인생을 '그냥' 살아간다.

우울한 감정은 마치 서해와도 같다. 서해의 밀물은 서서히 들어온다. 계속 보고 있으면 그대로인 것처럼 보이지만, 시간을 두고 다시 보면 전혀 인지하지 못하는 사이에 물이 상당히 들어차 있음을 알게 된다. 그렇게 계속 물이 차오르다 보면, 수백 미터에 이르는 해변이 어느새 바닷물로 가득해진다. 아마도 서해를 처음 본 사람이라면, 아름다운 해변과 풍요로운 갯벌은 마침내 밀물 속으로 사라져 버렸다고 생각할 수도 있을 것이다.

하지만 밀물의 시간은 영원하지 않음을 우리는 잘 알고 있다. 물은 빠진다. 그러므로 기다려야 한다. 컵라면을 먹으려고 해도 최소한 3분은 기다려야 하지 않나. 기다리는 것이 너무나 힘겹다 해도 반드시 버텨야 한다.

죽고 싶은
사람은 없다

때때로 밀물의 시간이 아주 길 수도 있다.

하지만 명심하라.

그것 역시 반드시 물러나게 되어 있다.

물이 빠지고 난 후 우리는 다시 해변을 거닐고, 갯벌에서 조개 껍데기를 줍고, 게를 잡을 수 있을 것이다. 그러고 나면 그다음에 다시 밀물이 들어오더라도 그것에 대한 두려움이 많이 수그러들어 있을 것이다.

희망과
함께 가라

트라우마를
극복하려면

'트라우마Trauma'라는 말이 흔하게 쓰이는 세상이다. 트라우마에 대한 정의에는 여러 가지가 있는데, 대체로 어떤 사건을 겪은 후 그 사건 이전과 비교했을 때 이후의 인생에 커다란 변화가 발생하게 되고 그 변화의 방향이 부정적일 때 이 사건을 일컬어 '트라우마'라 한다고 이해하면 된다.

트라우마는 사람을 트라우마가 발생했던 그 시점, 즉 과거에 붙잡아 두곤 한다.

과거의 결과가 현재이며 현재의 결과가 미래라는 것은 누구나 알고 있는 사실이지만, 트라우마를 경험했던 사람들에게

죽고 싶은
사람은 없다

과거는 끊임없이 현재에 재경험된다. 따라서 그들에게 진정한 의미의 미래는 오지 않을뿐더러, 괴로운 과거가 무한 반복될 뿐이다. 끔찍했던 어제와 똑같은 오늘이 끝도 없이 반복된다면, 그것을 무한정 견뎌 내는 것은 너무나 어려운 일일 수 있다. 마치 잔혹한 적군에게 사로잡혀 매일 끔찍한 고문을 당하는 포로와 같이 절망하게 될 가능성이 크다.

트라우마는 과거의 반복이므로, 이를 이겨 내는 방법은 아주 간단하다. 바로 '그것이 끝나게 하는 것'이다. 즉, 트라우마는 과거에 끝나 버린 사건이므로, 현재의 자신에게는 영향을 주지 않는다는 사실을 스스로 정확히 인식해야 한다는 의미이다.

과거의 사건을 회상할 수는 있다. 생각은 '하는' 것이 아니라 '나는' 것이므로. 그러나 사건이 떠오르는 것과 동시에 '그 사건은 지금의 나에게 아무것도 할 수 없다'는 생각을 의식적으로 꺼내는 것은 확실히 가능하다. 즉,

그땐 그때고, 지금은 지금이다.

이러한 자세를 갖는 것이 트라우마 극복에는 매우 바람직하다는 것이다.

한 번 더
생각해 보기

불행히도, 다양한 트라우마 사건들로 인해 '외상후스트레스장애Post Traumatic Stress Disorder, PTSD' 상태에 이른 사람들은 과거에 발목을 잡힌 나머지, 마치 멈춰 버린 시계마냥 미래를 제대로 맞이하지 못한다. 다행인 것은 여기에 해결책이 존재한다는 사실이다. 바로, 과거와 거리를 두고 시계를 다시 움직이게 하면 된다.

과거가 아닌 오늘을 살면, 오늘의 결과로 정상적인 미래가 오게 되어 있다. 이렇게 하루하루를 보내야 한다. 일상을 회복하는 것이 트라우마 극복의 시작이자, 거의 전부다. 여가 시간에 가벼운 산책과 운동을 하고, 주말에는 예능 프로그램을 보고, 월요일에는 출근을 하고, 금요일에는 가족과 외식을 하는 등 소소한 일상을 회복한다면, 비로소 시간이 흐르는 것을 느낄 수 있다.

시간의 흐름을 느끼는 것이 중요한 이유는, 그래야만 과거가 마침내 진정한 과거가 되기 때문이다. 또, 멈춘 것은 시간이 아니라 우리가 시간을 측정하는 시계일 뿐이며, 실제로 시간은 단 한 순간도 쉬지 않고 계속 미래로 흘러가고 있다는 것을 인식할 수도 있다.

시간은 우리 편이다. 가장 확실하고 강력한 우리 편이다. 이

죽고 싶은
사람은 없다

시간에 대해 인간이 할 수 있는 유일한 일, 우리는 그것을 하면 된다.

바로, 오늘을 열심히 사는 것이다.

한 번 더
생각해 보기

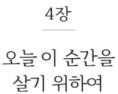

4장

오늘 이 순간을
살기 위하여

YOLO!
1년 차의 마음 가져보기

여러 가지 이유로 심리적·신체적 고통에 시달리는 사람들의 공통점은 관심 영역과 세상을 바라보는 시야가 좁아진다는 것이다. 이러한 곤경에 처한 사람들은 하루하루 자신의 삶을 지속하는 것 자체가 괴로워 미처 주변을 살펴볼 마음의 여유를 가지지 못하고, 오로지 현재 직면한 자신의 문제에만 몰두하게 된다.

하루 중 대부분의 시간을 문제 상황에 몰두하는 데만 써서 문제가 해결될 수 있다면, 그것은 그나마 운이 좋은 경우일 것이다. 그러나 인생의 정말 커다란 고난은 아무리 몰두해도 해결되지 않는 것일 때가 대부분이다. 온종일 고민을 한다고 해서 문제가 해결되는 것도 아니고, 오히려 그로 인해 머리만 더 복잡해지는 것이다. 이때 우리는 안타깝게도 제일 먼저 타인에 대한 관심과 새로운 것에 대한 호기심을 조금씩 잃어버리게 된다.

관심과 호기심이
중요한 이유

심리적·신체적 고통에 시달리는 사람들의 가장 큰 불행은, 그들이 타인에 대한 관심과 새로운 것에 대한 호기심을 잃고 당장 해결되지 못할 자신의 문제에만 몰두하며, 그것을 끝없이 되새김질하게 된다는 것이다. 그런 상황에 놓인 사람들이 꼭 하는 이야기가 있다.

"내 코가 석 자인데……."

이 말을 하면서, 타인에 대한 관심과 새로운 것을 향한 호기심을 잃어버린 자신의 현재 상태를 정당화한다.

그러나 이렇게 지내다 보면 '내 코가 석 자'가 아니라 다섯

오늘 이 순간을
살기 위하여

자, 여섯 자가 되어 오히려 상황이 더 악화될 가능성이 크다. 자기 자신의 문제에만 몰두하게 되면, 외부와의 연결이 단절되면서 심리적·사회적 고립감을 맛보게 된다. 이러한 상황이 극단적으로 이어질 때 두 가지 결과를 낳게 된다.

첫 번째는 정신증적인 방향으로 가는 것인데, 이때는 환청이나 망상 같은 정신병적인 증상을 보일 수 있다. 이는 외부로부터 아무런 자극도 주어지지 않는 상황에 처하자, 뇌가 스스로 자극을 만들어 내는 이상 현상으로 이해하면 된다. 감옥에서 좁은 독방에 갇히게 된 일부 수감자들이 보이는 모습이 이런 현상의 대표적인 예이다.

두 번째는 좀 더 흔한 증상으로, 신경증적인 방향으로 가는 것이다. 우울증의 급격한 악화가 대표적이다. 우리의 뇌는 건강한 자극을 받아야 계속해서 건강한 상태를 유지할 수 있다. 아무런 자극을 받지 않은 뇌는 제대로 작동하기 어렵다. 매우 비싸고 성능 좋은 자동차라 해도, 이를 전혀 타지 않은 채 오랫동안 세워 놓기만 하면 배터리가 방전되는 등 제 성능을 내지 못하는 것과 비슷한 이치다.

또한 관심과 호기심을 잃게 되면, 삶에서 새로움이 사라지고 친구도 잃게 된다. 이는 곧 고인 물이 썩어 버리는 것과 마찬가지 결과를 낳게 된다. 즉, 사회적 관계가 몽땅 증발해 버려 고독 속에 홀로 남겨지는 것이다. 그 뿐만 아니라, 사람들로부터 자극을 받지 못하게 돼 여러 가지 의미에서 성장을 멈추게 된다.

새로운 것에 호기심이 많고, 함께할 친구와 가족이 있는 사람들은 고난을 슬기롭게 견뎌 낸다. 그리고 그렇게 고난을 견뎌 내고 나면, 심리적으로 더욱 굳건해져 다른 사람들을 포용하고 도와줄 수 있는 큰 그릇으로 성장하기도 한다. 그러므로 아무리 아프고 힘들고 괴로워도, 나와 내 가족 그리고 친구와 동료들의 삶에 대한 관심, 새로운 것에 대한 호기심의 끈을 놓쳐선 안 된다.

인생은
한 번뿐이잖아!

충주에서 초등학교를 다니던 시절, 생전 처음 서울에 올라와 지하철과 에스컬레이터를 탔을 때의 놀라움을 나는 아직도 생생히 간직하고 있다. 신세계 백화점 본점에서 처음 타 본 에

오늘 이 순간을
살기 위하여

스컬레이터가 너무 신기하고 재미있어서, 나는 그것을 탄 채 몇 번이고 오르락내리락했다.

그런가 하면 기차가 어떻게 땅속으로 다닐 수 있는지가 너무 궁금한 나머지 전기와 모터에 관심을 갖고 관련 책을 찾아 공부를 하기도 했다.

정신건강의학과 레지던트 1년 차였을 때의 일 역시도 그때로부터 벌써 20여 년이나 지난 지금까지 어제 일처럼 생생하다. 당시 나는 처음 주치의로 환자를 담당하게 되었는데, 그 환자를 잘 치료하고 싶은 마음에 아침부터 늦은 밤까지 오로지 그분만 생각하곤 했다. 그러면서 그분의 인생 모든 부분에 관심을 갖고 그분을 탐구했다.

그분의 가족은 물론 친척들까지, 그분에 대한 정보를 얻을 수 있는 사람이라면 누구든지 면담을 했다. 하루 몇 시간씩 면담을 해도 궁금한 것이 더 생겨났다. 그분과 면담을 하고 나서는 책을 찾아 공부하고, 그 내용을 정리하여 의무 기록에 채워 넣었다. 매일 밤 몇 페이지씩 의무 기록을 써 나가는 그 순간이 고된 하루 중 가장 기다려지는 행복한 시간이었다. 그리고 마침내 그분의 상태가 나아져서 퇴원 처방을 했던 순간의 기쁨은 이루 말할 수 없을 정도였다.

죽고 싶은
사람은 없다

아는 만큼 보인다고 했던가. 이렇듯 관심과 호기심을 가졌을 때, 내 세상은 한층 더 커졌다. 그에 따라 내 정신의 키도 쑥쑥 커 나갔음은 물론이다.

정신건강 전문의란 직업은 다른 사람들의 다양한 인생 이야기를 들어주는 것을 본업으로 한다. 하지만 나 자신의 삶이 너무 힘들고 괴롭게 느껴질 때면, 환자들의 이야기가 제대로 귀에 들어오지 않는 게 사실이다. 사람이 다른 사람을 이해하고 그의 삶에 공감하려면, 상대방의 감정과 행동의 이유에 대한 관심 그리고 과학적 호기심이 반드시 필요한데, 그게 잘 되지 않는 것이다.

그럴 때마다 나는 레지던트 1년 차로 처음 환자를 담당했을 때 가졌던 감정을 되살리려 애쓴다.

환자로부터 배우며, 환자를 위해 배우겠다는 마음가짐.

의학적 근거에 기반한 호기심.

타인의 인생에 대한 관심과 공감의 태도.

그리고 그토록 바라던

정신건강의학과 전문의가 됐다는 사실에 기뻐하고 만족하며,

아무리 힘들어도 환자를 위해 최선을 다하겠다는 자세.

오늘 이 순간을
살기 위하여

이것이 바로 내 1년 차의 모습이었다.

모든 사건에 시작이 있는 것처럼, 누구에게나 처음은 있다. 중학교 1학년, 고등학교 1학년, 대학교 1학년, 이등병 혹은 신입사원 시절……. 처음은 힘들었지만, 우리는 그 과정을 통해 배웠고 또 성장했다.

삶의 무게가 감당하기 힘들다고 여겨질 때 그리고 그로 인한 무기력감과 매너리즘, 비관적 태도가 문제라고 느껴질 때에는 내 인생의 1년 차로 되돌아가 보자. 그때 어땠는지를 떠올려 보고, 다시 한번 현재로 돌아오자. 여전히 해 보지 못한 것, 가 보지 못한 곳이 너무나 많다고 느껴질 것이다. 나 역시 마찬가지다. 나는 집 안에서 개를 키워 본 적도 없고, 이집트에 가 본 적도 없다.

물론 집에서 개를 키우거나 이집트에 여행을 가기 위해 사는 것은 아니다. 하지만 분명한 것은 지난 몇 년 동안 전 세계 젊은이들 사이에서 열병처럼 유행했던 말 "YOLO!(You Only Live Once!)"처럼 "나의 인생은 오로지 한 번뿐"이라는 사실이다.

지금은 비록 많이 힘들지만 나는 아직도 해 보고 싶은 것, 해야 할 것들이 많이 남아 있기에 결코 이대로 멈출 수는 없다

죽고 싶은
사람은 없다

고 나 자신을 다독거린다. 그리고 이왕 계속 가기로 마음먹은 이상 징징거리지 말고 다시 한번 잘해 보자고 스스로 굳게 다짐한다.

YOLO! YOLO! YOLO!

오늘 이 순간을
살기 위하여

잘잘못 따지지 않기

고통에 시달리거나 힘겨운 문제 상황에 처한 사람들은 이 모든 것의 원인을 제공한 사람이 누구인지 기어코 찾아내어 그를 미워하거나 극도로 원망하곤 한다. 이때 실제로 그가 문제의 원인을 제공했는지, 제공하지 않았는지는 전혀 중요하지 않다. 내가 괴로울 때는 일단 화풀이를 해 댈 수 있는 대상이 필요한 법이니까.

이렇게 누군가를 미워하는 것은 쉽고 흔한 일이지만, 이는 문제 해결에 아무런 도움도 되지 않는다. 아니, 오히려 상황을 악화시킬 가능성이 크다. 미움, 원망, 증오 등은 매우 강한 감정이어서 이런 감정을 품는 것만으로도 상당한 정신적 에너지가 소모되기 때문이다. 이는 간단한 실험으로도 쉽게 확인할 수 있다.

눈을 감고서,

최근 가장 화가 났던 상황과

그때 제일 미웠던 사람을 떠올려 보자.

그리고 그 사람을 저주해 보자.

자신도 모르게 호흡과 맥박이 조금씩 빨라지면서, 어금니를 꽉 깨물게 된다거나 몸의 곳곳에 잔뜩 힘을 주고 긴장하는 나 자신을 발견하게 될 것이다. 이는 교감신경의 흥분으로 인한 현상이다.

교감신경은 자율신경 중에서 생명체가 위협에 직면했을 때 스스로를 보호하기 위해 자동적으로 작동하는 신경계통이다. 위협의 대상과 맞서 싸우거나 최소한 도망칠 수 있도록 우리 몸을 준비시키는 역할을 하며, 이를 위해 근육을 긴장 상태로 만들고, 긴장된 근육에 더 많은 혈액을 공급하기 위해 심장 박동을 빠르게 하고, 산소 공급량을 증가시키기 위해 호흡을 빠르게 하는 등 여러 가지 생리적 변화를 만들어 낸다.

이러한 현상은 바꾸어 말하면 적과 맞서고 있는 전방 부대에 '진돗개 하나'와 같은 비상사태를 선포하는 것과 비슷하다. 비상사태가 오래 지속되면, 병사들은 힘이 빠질 수밖에 없을 것이다. 마찬가지로, 누군가를 미워하는 마음이 오래갈수록 우리는 점점 더 지치게 된다.

타인에 대한 미움은
곧 나를 갉아먹는다

하지만 미운 사람을 미워하지 않는 것은 결코 쉽지 않은 일이다. 누군가에게 부당한 대접을 받았거나 억울한 피해 혹은 배신이나 사기를 당했을 때라면, 더더욱 그렇다.

정신건강의학과 임상 현장에서는 이런 상황에 놓인 분을 자주 보게 된다. 그 가운데 가장 심한 분들이 바로 남편의 외도로 인해 심한 분노, 배신감, 증오, 우울감이 생겨 병원을 찾은 중년 여성들이다. 이분들은 자신을 속이고 부부로서의 혼인 서약을 배신한 남편을 그저 '미워하는 것' 외에 다른 방법을 찾지 못한다. 그 미워하는 과정에서 스스로 너무 힘들고 지쳐 버린 나머지 심신의 고통이 극에 달한 상태에서 병원을 찾아온다.

남편이 자신의 잘못을 인정하면서 용서를 구해도, 어떤 부인들은 결코 남편을 용서해 주지 않은 채 계속해서 남편을 미워한다. 그러면서 스스로도 괴로워한다. 그분들에게 왜 남편을 용서할 수 없는 거냐고 물으면, 이런 답이 돌아온다.

"남편을 용서해 주면, 그 사람의 외도에 면죄부를 주는 것과 마찬가지잖아요. 그러면 남편이 자기 잘못을 모르고, 언젠가 그런 행동을 또 똑같이 할 수도 있는 거잖아요."

나도 그러한 관점이 틀렸다고 생각하지는 않는다. 문제는, 그분들이 미움의 감정을 계속 가지고서 미움의 대상과 한 집에서 함께 살아가며 과연 편안해질 수 있겠느냐는 것이다. 누군가를 미워하는 것은 곧 미움의 대상이 불행해지길 바라는 것과 다름없다. 하지만 누군가를 미워하거나 심지어 저주한다고 하더라도 그 대상이 불행해지는 일은 현실에선 일어나지 않으며, 내 바람과는 반대로 미움의 대상이 오히려 훨씬 더 잘 사는 경우도 흔하게 존재한다.

부부가 서로를 너무나 미워하게 됐다면, 문제를 궁극적으

오늘 이 순간을
살기 위하여

로 해결하기 위한 방법은 이혼이 될 수 있을 것이다. 하지만 도저히 이혼할 수 있는 상황이 아닐 때도 많다. 그럴 때에는 미움의 대상, 즉 배우자가 불행해지는 게 곧 나의 행복이라고 자신할 수 있을 정도로 증오가 뼈에 사무친 것이 아니라면, 자신의 정신건강을 위해서라도 상대를 상냥하게 대하려고 노력할 필요가 있다.

이는 사회 생활을 할 때도 마찬가지다. 함께 근무하는 누군가를 미워하게 되면, 직장 생활은 매우 힘들어진다. 출근 자체가 스트레스로 다가오고, 업무보다 인간관계 때문에 회사를 옮기고 싶다는 생각이 들 때도 허다해진다.

미움의 감정으로 인해 정신적인 에너지가 많이 소모되면, 보다 생산적인 다른 일에 쓸 수 있는 여력이 줄어들 수밖에 없다. 스스로 즐거움을 느끼는 데 쓸 수 있는 에너지를, 누군가를 미워하는 데 다 날리고 있다고 생각해 보라. 너무 아깝지 않은가?

게다가 우리 인간에게는 태도나 어조, 눈빛 등 다양한 비언어적 신호를 통해 누가 자신을 좋아하는지, 싫어하는지를 굳이 듣지 않아도 알아챌 수 있는 능력이 있다. 이 말은 곧 내가 누군가를 미워하는 순간, 그 사람 역시 내 마음을 알아채고 나를 미워하게 된다는 뜻이다. 굳이 남의 미움을 살 필요는 없지 않을까?

내 정신건강부터
챙기려면

어느 일요일, 집에서 거실 소파에 누워 이런저런 생각에 잠겨 있다가 잠이 들었던 적이 있다. 그런데 무언가 시끄러운 소리에 잠이 깨어 주변을 살펴보니 우리 아이들 둘이서 싸우고 있었다. 나는 얼른 아이들에게 다가가 무슨 일이냐고 물었다. 그러자 두 아이가 앞다투어 말했다.

"형아가 저를 때렸어요!"

"네가 나한테 먼저 욕을 했잖아!"

두 아이는 모두 자기가 피해자라는 표정으로 나를 바라보았다. 내가 자신의 편을 들어주길 바라는 기색이 역력했다. 다행히도 나는 이런 경우의 해결책을 잘 알고 있다.

"얘들아, 우리 아이스크림 먹을래?"

아직도 화가 나 있는 아이들을 뒤로하고, 나는 냉장고를 열

오늘 이 순간을
살기 위하여

어 아이스크림을 꺼낸 후 나부터 한입 베어 물었다.

"같이 먹자, 맛있어."

아이들은 처음에는 먹지 않으려 했으나, 거듭된 나의 권유에 함께 아이스크림을 먹기 시작했다. 그러면서 조금 화가 누그러진 것 같았다. 아이들이 아이스크림을 다 먹을 때쯤, 나는 아이들에게 이렇게 말했다.

"이제부터 너는 억울해도 형에게 나쁜 말을 하면 안 되겠지? 그리고 너는 아무리 화가 났더라도 동생을 때리면 안 돼. 동생은 형에게 나쁜 말을 한 것에 대해 미안하다고 하고, 형은 동생을 때린 것에 대해 사과하자."

두 아이는 겸연쩍은 듯한 표정으로 서로에게 미안하다고 했다. 그러더니 언제 싸웠냐는 듯이 다시 함께 놀았다.

싸우고 있는 아이들을 말릴 때 필요한 것은 잘잘못을 가리는 일이 아니라, 두 아이가 다시 손을 잡게 하는 것이다. 싸움의 잘잘못을 가리려면, 이야기가 한도 끝도 없이 이어진다. 이야기의 마지막에 누가 잘했고 누가 못했는지 밝혀지는 일도 거의 없다. 오히려 그 과정에서 서로의 문제를 지적하다 두 사람 모두 상처만 입게 될 수도 있다.

누군가를 떠올리며 그의 잘못을 되새김질하고, 분노하고,

죽고 싶은
사람은 없다

상황을 이렇게 만든 그를 미워하고 원망하는 것도 내 정신건강에 이로울 게 하나도 없다. 이런 일이 반복되다 보면, 심지어 상대가 자기 잘못을 인정한다고 해도 과연 정말 자기 잘못을 인정하는 것인지 진정성에 대한 의심만 커지기도 한다. 그러다 상대가 더는 견디지 못하고 "이제 그만 좀 해!"라고 한마디 할라치면, 나름대로 상대방의 입장에서 상황을 보고 이해하려고 했던 마음마저 모두 사라지고, 이전보다 더 큰 분노와 절망에 휩싸이고 만다.

때로는 미움과 원망의 대상이 사람이 아닌 내가 살아가는 사회, 이 세상이 될 때도 있다. 그럴 때도 결과가 좋지 않은 것은 마찬가지다. 원망과 미움의 끝에 남는 것이라고는 "이런 세상에 도대체 무슨 희망이 있고, 무엇을 기대할 수 있을까?" 하는 씁쓸한 회의감뿐이다. 사회의 부조리에 대해 정확히 인식하고 지금보다 더 나은 세상을 만들기 위해 노력을 기울이는 것은 물론 필요한 일이다. 하지만 매사 모든 일에 불만을 늘어놓으며, 우리 사회 자체를 저주하는 것은 자기 자신을 위해서도 이 사회를 위해서도 결코 도움이 되지 않는 법이다.

누군가는 타인에 대한 미움이 고개를 들 때마다 그를 용서하고 그의 행복을 빌어 주라고 말한다. 좋은 말씀이고 필요한

오늘 이 순간을
살기 위하여

말씀이다. 하지만 나를 포함한 대부분의 보통 사람들에게 그 정도의 관대함과 관용을 기대하기는 어렵다. 우리가 할 수 있는 보다 현실적인 일은 최소한 잘잘못을 따지는 부질없는 짓을 멈추고, 상대를 미워하는 마음을 조금이라도 줄여 보려 노력하는 것이다. 상대방을 위해서가 아니라 나 자신의 평화와 안정을 위해서도 이것이 필요하다. 그리고 다른 무엇보다 상대방을 미워하는 마음이 줄어들어야 비로소 관계의 진정한 회복이 가능하다는 점을 명심할 필요가 있다.

죽고 싶은
사람은 없다

가족을 웃게 만들기

괴로운 사람에게는 마음의 여유가 없다. 앞서 이야기한 바 있지만, 이런 사람의 시야는 고통으로 인해 극도로 좁아져 있어 새로운 것에 대한 호기심은 사라진 지 오래다. 또한 그는 타인에 대한 관심을 사치로 여기면서 오로지 자신의 문제에만 몰두한다. 결국 고통의 시간이 길어질수록 자의 반, 타의 반으로 타인과의 관계는 대부분 단절되어 버린다. 이제 그에게 남은 건 가족들뿐이다.

하지만 가족과의 관계조차 편안하지 않다. 이때의 감정은 주로 짜증과 막연한 분노 그리고 자기 자신에 대한 연민이 뒤

오늘 이 순간을
살기 위하여

섞인 흙탕물과도 같다. 그렇다 보니, 자신의 옆에서 함께 밥을 먹고, 같은 집에서 잠을 자고, 같이 TV를 봐 주는 가족에 대해 고마운 마음을 갖고 있으면서도, 그것을 표현하는 방법은 잊어 버린 채 산다. 이런 현상은 특히 감정을 언어로 표현하는 것에 원래부터 익숙하지 않았던 대부분의 대한민국 남성들에게서 흔히 관찰된다.

가장 상처를
주고받기 쉬운 존재, 가족

괴로움으로 인해 관계가 단절되고 삶의 영역이 좁아진 사람들의 특징 중 하나가 어떤 일에 있어서든 쉽게 서운해한다는 것이다. 나 역시 예외는 아니었다.

한번은 일요일 밤 진통제를 한 움큼 먹고 나서 멍해진 상태로 방 한 구석에 조용히 누워 있을 때였다. 그날따라 거실에서 〈개그 콘서트〉를 보는 가족들의 웃음소리가 크게 들렸다. 나는 공연히 화가 났다.

'나는 이렇게 고통에 시달리며 힘들어하고 있는데, 어떻게

이런 나를 두고 자기들끼리 웃을 수가 있지?'

생각할수록 짜증이 밀려오고 서운한 감정이 올라왔다. 다행히 이런 생각을 하는 게 유치할 뿐 아니라 잘못된 것이라는 이성적인 판단이 이내 고개를 들었다.

그러나 안타깝게도 이성은 감정보다 훨씬 힘이 약하다. 이성은, 자신과 삶의 희로애락을 함께하는 가족들에게 서운한 감정을 그 상황에서 즉각적으로 표현하지 않게 막는 역할은 하지만, 그것이 할 수 있는 일은 오로지 그뿐이다. 가족들에 대한 서운한 감정은 사라지지 않은 채 마음속 깊숙한 곳에 잠복하고 있다가, 엉뚱한 계기로 표현되곤 한다. 문제는 그 표현의 방식이 때때로 매우 직접적이며 서로에게 상처를 주는 형태가 되곤 한다는 것이다.

〈개그 콘서트〉를 보고 웃음을 터뜨린 가족에게 서운한 감정이 들었던 그날이 지나고 며칠이 흘렀다. 어느 날 아내와 나는 함께 외출을 하기로 되어 있었다. 아내의 화장 시간이 평소보다 조금 더 길어지자, 나는 나도 모르게 버럭 소리를 지르고 말았다.

"도대체 누구에게 잘 보이려고 화장을 그리 오래 해?"

흠칫 당황한 아내는 잠시 침묵을 지키다 내게 차분한 목

오늘 이 순간을
살기 위하여

소리로 대답했다.

"아니에요, 여보. 거의 다 됐어요."

"늘 이런 식이지. 지금까지 뭐 하다가 그러는 거야. 다 늦게 생겼네."

나는 평소와 달리 몹시 흥분하며 아내에게 화를 내고 말았다. 아내에게 한바탕 흙탕물을 뒤집어씌운 셈이다. 말을 뱉은 즉시 후회가 몰려왔지만, 뱉은 말을 다시 주워 담을 수도 없는 노릇이었다. 아내는 상처받은 눈빛을 애써 감추며 조용히 마음을 가라앉히려 하고 있었다.

가족이 웃자
내가 더 기뻤다

대부분의 사람에게 가족은 세상에서 가장 의지가 되는 존재인 동시에 가장 만만한 존재이며, 가장 소중한 존재인 동시에 가장 귀찮은 존재이기도 하다. 그래서인지 힘들 때는 가족의 품에서 쉬고 싶어 하면서 정작 가족 앞에서는 잔뜩 상처 주는 말을 던지곤 한다. 또한 어려운 일이 있을 때는 제일 처음

죽고 싶은
사람은 없다

가족에게 도움을 요청하면서, 좋은 일이 있을 때는 엉뚱한 타인과 기쁨을 나누려고도 한다.

그러나 내가 힘든 만큼 가족들도 힘들다. 가족 입장에서는 사랑하는 사람이 괴로워하는 것을 보고 있어야 하는 것 자체가 크나큰 고통이다.

나는 아내에게 그렇게 화를 낸 이후 자책감에 어쩔 줄 몰랐다. 이미 충분한 고통을 겪고 있는 가족들에게 슬픔만을 강요하면서 〈개그 콘서트〉를 보며 가족들이 느끼는 최소한의 즐거움조차 못마땅해하다니. 내가 얼마나 잔인했던가. 내 가시 돋친 말을 들으며 흔들리던 아내의 눈빛이 자꾸만 떠올랐다. 그것은 내게 죄책감과 미안함으로 돌아와 내 감정 상태를 훨씬 더 나쁘게 만들고 말았다.

> "웃어라, 온 세상이 너와 함께 웃을 것이다.
>
> 울어라, 너 혼자만 울게 될 것이다."
>
> _ 미국의 시인 엘라 휠러 윌콕스Ella Wheeler Wilcox의 시 '고독Solitude' 중에서

영화 〈올드 보이〉에 나와 더 유명해진 이 말을, 나는 이렇게 변형해 보고 싶다.

"가족을 웃게 하라, 너도 함께 웃게 될 것이다.

가족을 울게 하라, 결국 너 혼자 남게 될 것이다."

아내와의 그 일 이후, 나는 가족들에게 기쁨의 기회를 주어
야겠다고 생각했다. 웃을 일 없는 우리 가족들에게 어떻게든
웃음을 선물하고 싶었다.

나는 원래 드라마를 전혀 보지 않았다. 하지만 이제는 아내
와 함께 드라마를 보고, 산책도 한다. 드라마를 함께 본다고
무척 기쁘다거나 저절로 웃음이 나오는 것은 아니지만, 함께
하는 시간 자체가 나와 아내 모두에게 편안함과 안도감을 주
는 것만은 확실하다.

또한 아이들과 함께 컴퓨터 게임을 하고, 극장에 같이 가서
영화를 보기도 한다. 그러고 나서는 함께 본 영화와 함께 했던
게임에 대해 이야기를 나눈다. 그리고 되도록 웃는 모습을 보
이려고 노력한다.

어느 날인가 유난히 큰아이의 기분이 좋아 보여서 무슨 좋
은 일이 있느냐고 물어보았다.

"아니요, 아빠가 웃으니까 기분이 좋아요. 아빠 원래 잘 안
웃잖아요. 이제 안 아파요?"

죽고 싶은
사람은 없다

나는 대답 대신, 아들의 웃는 얼굴을 쳐다보며 빙그레 더 큰 미소를 지어 주었다.

오늘 이 순간을
살기 위하여

팬으로 살아가기

나는 프로야구팀 롯데 자이언츠의 팬이다. 롯데 자이언츠는 1982년 우리나라에 프로야구가 출범한 이후 현재까지 팀의 명칭과 연고지가 바뀌지 않은, 매우 드문 두 팀(다른 하나는 삼성 라이온즈) 중 하나이다.

프로야구가 출범하던 1982년, 야구의 인기는 대단했다. 그 무렵 나는 대전에서 초등학교를 다녔는데, 당시 대전의 내 또래 초등학생들은 거의 대전을 연고지로 하는 OB 베어스의 어린이 회원이었다. 방과 후, 공터에서 아이들과 야구를 하다 보면 아이들 대부분은 OB 모자를 쓰고 있었고, 오직 나 혼자만 유일하게 롯데 모자를 쓰고 있었다. 친구들이 너는 왜 롯데 편이냐고 물었지만, 나 자신도 그 이유를 몰랐기에 아무런 대답도 할 수가 없었다.

그때까지 나는 부산에 한 번도 가본 적이 없었고, 어머니와 아버지 모두 부산에는 전혀 연고가 없었다. 30년이 넘게 지난 지금까지도, 나는 처음에 내가 왜 롯데를 응원하게 됐는지 그 이유를 잘 모르겠다. 어쨌든 여전히 나는 롯데를 응원한다.

그러나 롯데 자이언츠의 팬으로 살아가는 것은 쉬운 일이 아니다. 이 팀은 30년이 넘는 우리나라의 프로야구 역사에서 1984년, 1992년 단 두 차례만 우승했을 뿐 대부분의 시간을 하위권에서 맴돌았다.

그러니 롯데가 처음으로 정상에 올랐던 1984년의 기억은 지금도 생생할 수밖에 없다. 한국시리즈 6차전까지 팀의 모든 승리를 이뤄 냈던 최동원 선수가 마지막 7차전까지 마운드에 올라(지금 생각해 보면 말도 안 되는 혹사였다) 거짓말 같은 완투로 승리를 거머쥔 후 환호하던 모습. 내 머릿속에는 그 모습이 사진처럼 또렷하게 남아 있다.

당시 롯데 자이언츠는 우승 기념으로 어린이 회원들에게 글러브와 나무 배트를 선물로 나눠 주었다. 나는 이 선물을 소

오늘 이 순간을
살기 위하여

중하게 간직했고, 언젠가 내가 결혼하면 나의 아이들과 이 배트로 야구를 하겠다고 다짐했다.

이후 중학교, 고등학교, 대학교를 거쳐 인턴, 레지던트, 펠로, 조교수, 부교수로 지내는 동안 정확히 세기 힘들 정도로 여러 번 이사를 하면서, 나는 그때 받았던 글러브를 잃어버리고 말았다. 그래도 그 나무 배트는 여전히 잘 간수하고 있다. 어느새 훌쩍 자란 나의 두 아들에게 공을 던져주고 녀석들이 나의 오래된 나무 배트로 공을 멀리 쳐내는 것을 보면, 이루 말할 수 없는 벅찬 기분이 든다.

언제나 당신들의
팬이야

이렇게 쓰고 보니 내가 롯데의 대단한 열성 팬처럼 보이는데, 사실 그 정도는 아니었다. 일반적으로 팬이라 하면 자신의 스타(아이돌 그룹이나 배우 혹은 운동 선수)나 팀에게 무한한 애정을 갖고 있다. 그들은 아무것도 바라지 않는다. 그저 자신이 응원하는 스타나 팀이 진심으로 잘 되길 바라고, 승리하길 기원할 뿐이다. 간혹 그 응원의 대상이 어이없는 실수를 저지르거나 형편없는 성적을 거두어도, 팬들은 결코 배신하는 법이 없다. 그저 다음번에는 그 대상이 더 잘해 주길 간절히 응원할 뿐이다.

그런 열성 팬들에 비하면 나는 아무것도 아니었다. 초등학교 시절, 내가 팬으로서 했던 가장 적극적인 행동은 해태가 아닌 롯데 과자만을 골랐다는 것 정도였으니까.

이후 한창 바쁘게 살던 펠로와 조교 시절, 나는 롯데 자이언츠를 잊고 지냈다. 그러다 아프게 되면서 다시 자이언츠를 생각하게 되었다.

삶의 고통은 그것이 정신적인 것이든 육체적인 것이든 결국 인간을 위축되게 만든다. 고통이 일상에 침투하는 순간, 인간관계는 축소되고 할 수 있는 일도 점차 줄어든다. 그로 인해 조금씩 커지는 우울감은 자괴감과 실패감으로 이어지고, 마침내 해결되지 않는 고통으로 인한 괴로움만이 삶의 전부인 것처럼 느껴져, 시선이 바깥을 향하지 못하는 자폐적인 상황에 내몰리게 된다.

이럴 때 누군가 혹은 무언가의 팬이 될 수 있다면, 시선이 다시 바깥으로 향할 수 있다. 고통 대신 집중할 수 있는 대상

오늘 이 순간을
살기 위하여

이 생겨나기 때문이다.

나는 이제 매일 자이언츠에 대한 기사를 검색한다. 야구 시즌에는 잠자리에 들기 전 반드시 포털 사이트에서 무료로 볼 수 있는 5~7분 내외의 자이언츠 경기 하이라이트 동영상을 보고, 다음 날 선발투수가 누구인지, 경쟁 팀의 승패는 어떻게 되는지를 확인한다.

팬들은 외롭지 않다. 평소 가깝게 지내지 않던 사이라도, 상대 역시 나와 같은 팀을 응원한다는 사실을 알게 되면 자연스럽게 친해질 수 있다. 아프게 되면서 참여할 수 있는 모임이 몇 개 남지 않은 나머지 지금껏 쌓아온 인간관계가 많이 소원해진 나는 자이언츠와 관련된 정보를 온라인에서 찾아보게 되었다. 그러면서 나와 같은 마음을 가진 익명의 팬들과 소통하게 되었고 이로 인해 외로움이 많이 상쇄됐다고 느낀다.

자이언츠가 우승을 하지 못해도, 계속해서 소란스러운 사건(최근 몇 년간 자이언츠는 거의 매년 감독이 바뀌고 있을 정도다)이 있다 해도 괜찮다. 팬들은 그저 무한한 애정과 관심을 가지고 그들이 잘 되길 바랄 뿐이며, 그 바람이 실현될 수 있게 정성을 다해 지원할 뿐이다. 그러다 행여 그들이 승리하게 되면, 나는 행복해질 것이다. 설사 원하는 목표를 이루지 못하더라도, 최선을 다하는 그들을 응원하는 과정에서 나는 또한 행복해질 것이며, 그들이 좋은 삶을 살아가는 걸 확인했을 때 또한 행복해질 것이다.

아이들을 향한
팬심

내가 열광하는 또 하나의 대상이 있다면, 그것은 바로 내 아이들이다. 나는 내 아이들의 얼굴을 보는 것을 좋아한다. 아이들의 꾸밈없는 표정과 고운 얼굴, 밝은 목소리와 웃음소리는 그 어떤 약보다도 강력한 항우울제이다.

물론 간혹 잠든 아이들에게 이불을 덮어 주기 위해 갔을 때, 예쁘게 잠들어 있는 아이들 모습을 보면서 슬퍼질 때가 있다. 몇 년째 다른 아빠들처럼 아이들을 업어 주지도 못하고, 함께 놀이공원에 가서 놀이기구도 타지 못하는 내 처지가 상기되어서다. 가족끼리 먼 곳으로 여행을 가지도 못하고, 늘 찡그리면서 괴로움에 힘들어하는 모습만을 아이들에게 보여 주고 있다는 생각에, 미안하고 속상하고 또다시 괴로워진다. 하지만 그럴 때마다 아이들을 향한 팬심을 잃지 말자고 나 스스로 다짐한다.

결혼을 한 지도 20여 년이 되다 보니, 가끔 아내와 다툼이 있을 때도 있다. 하지만 우리 부부는 우리의 유전자를 반반씩 가지고 태어난 우리 아이들의 열성 팬이라는 공통점을 가지고 있기에, 결국 어떤 상황에서건 대동단결하게 된다. 그것은 어려운 상황을 헤쳐 나가는 내게 언제나 정신적으로 커다란 지지가 되어 준다.

좋아하면 좀 더
수월해진다

삶의 어느 순간, 몸과 마음이 지치고 아플 때 나는 누군가 (아이돌 가수든 배우든 운동 선수든 스포츠 팀이든 상관없다)의 진심 어린 팬이 되어 보라고 권한다.

우울한 상태에 놓인 사람들에게는 좋은 것이라곤 없다. 어느 순간부터인가 즐거움을 주는 것은 모두 사라져 버린 듯하고, 다른 사람들이 웃거나 기뻐하는 상황에도 아무런 감흥을 느끼지 못하는 상태가 되기도 한다.

누군가의 팬이 된다는 것은 누군가를 좋아하게 된다는 의미다. 삶의 위기 상황에 처했을 때 좋아할 수 있는 누군가가 남아 있다는 것은, 깜깜한 밤에 켤 수 있는 촛불 하나가 아직 남아 있는 것과 같다. 비록 하나의 촛불은 매우 약한 불빛을 내뿜을 뿐이지만, 그 촛불 하나가 있기에 우리는 어둠에서 벗어날 수 있는 길을 찾아볼 수 있게 된다.

꼭 팬이 될 필요는 없다. 그러나 아무리 힘들고 괴로울 때라도 온종일 떨어져 있으면 한없이 궁금해지거나 보고 싶어지는 대상, 함께 있으면 아무것도 하지 않더라도 마냥 좋은 대상이 있다면, 삶의 위기를 견뎌 내기가 훨씬 수월해진다. 누군가에게는 그것이 연인일 수도 있고, 누군가에게는 그것이 반려동물일 수도 있을 것이다.

사람들과 어울려 살아가고 조금씩 나이를 먹어 가는 과정에서, 나는 점점 삶의 목표 그 자체보다는 목표를 향해 나아가는 이 긴 여행길 자체가 더 중요하다는 것을 깨닫고 있다. 아무리 이 여행길이 험하다 하더라도, 함께하는 누군가가 있다면 혹은 함께하지는 못한다 하더라도 멀리서나마 응원받을 수 있고 내 편이 되어줄 수 있는 누군가가 있다면, 이 힘들고 거

오늘 이 순간을
살기 위하여

친 여행길에 상처받거나 실망하거나 때로 주저앉게 되더라도 다시 일어나기가 훨씬 수월해질 것을 믿는다. 팬이 된다는 것은 바로 그런 누군가를 만드는 일이 아닐까.

죽고 싶은
사람은 없다

도움을 줌으로써 도움받기

2013년 4월 혼자서 귀국해 수술을 마친 후 다시 미국으로 돌아갔던 나는 오랫동안 미루어 왔던 가족과의 장거리 여행을 마침내 실행에 옮기게 되었다. 여행지는 캘리포니아에 인접한 애리조나주의 '세도나'였다. 세도나는 여러 편의 서부영화 촬영지이자, 미국에서 가장 영적spritual인 곳으로 널리 알려져 있는 곳이다. 또한 많은 예술가가 찾는 아름다운 휴양 도시로도 유명하다.

세도나는 우리 가족이 있던 곳에서 차로 일곱 시간 정도 걸리는 곳에 있어서 다른 사람이었다면 하루 만에도 갈 수 있었

오늘 이 순간을
살기 위하여

을 것이다. 하지만 나는 장거리 운전과 자동차 탑승 자체가 몹시 힘들었기 때문에, 중간 중간 쉬면서 무려 사흘이 걸려 그곳에 도착할 수 있었다.

대가를 바라지 않는
선행

세도나에 도착한 첫날, 나는 양쪽 다리 모두가 시린 것 같은 이상 감각(마치 풍치에 걸려 이가 시린 것과 비슷한 느낌이다)을 느꼈다. 이 증상이 점점 심해져 꼼짝도 없이 호텔에 머물러 있어야 했고, 관광은 아내와 가족들만 다녀와야 했다.

둘째 날은 그래도 조금 상태가 나아져서 세도나 인근의 '슬라이드록스테이트파크slide rock state park(우리 말로 하면 '미끄러운 바위 주립공원' 정도 될 것이다)'로 물놀이를 하러 갈 수 있었다. 그곳은 우리나라의 계곡과 비슷한데, 바위가 동글동글하고 미끄러워 마치 놀이공원의 워터 슬라이드 같은 느낌을 주는 곳이다.

나와 아내는 물에 들어가지 않았는데, 당시 열두 살, 여섯

죽고 싶은
사람은 없다

살이던 두 아들 녀석은 오랜만에 하는 물놀이에 잔뜩 신이 난 상태였다. 그렇게 아이들이 물놀이를 하던 도중 문제가 발생했다. 계곡 물살을 따라 미끄러지듯 내려오던 아이들이 갑자기 물이 깊어지는 곳을 만나게 된 것이다.

두 아이들은 모두 수영을 제법 하는 편이었는데, 작은아이가 자신의 키보다 깊은 물을 만나자 덜컥 겁을 먹고서 형의 목을 잡고 매달린 게 발단이 되었다. 그러자 큰아이도 자신의 몸을 가눌 수 없게 되어 버렸고, 그만 겁에 질려 허우적거리게 된 것이다.

그때 나는 강의 건너편 언덕에 있었고 아내는 물살을 따라 떠내려가는 아이들보다 한참 뒤에 있었다. 우리가 할 수 있는 일이라고는 소리를 치는 것 외에 아무것도 없었다.

"헬프! 헬프! 도와주세요!!!"

아이들의 이름을 목청 터져라 부르던 우리는 결국 주변을 향해 영어와 한국어를 뒤섞어 가며 다급하게 도움을 청했다.

바로 그 순간, 이름 모를 미국인 서너 명이 서로의 손을 잡아 인간 사슬을 만들기 시작했다. 그러더니 손을 뻗어 우리 아이들을 잡았고, 마침내 두 아이 모두를 안전하게 물에서 꺼내 주었다.

오늘 이 순간을
살기 위하여

그들은 물을 많이 마신 데다가 잔뜩 겁에 질려 있는 우리 아이들을 나와 아내가 도착할 때까지 다독거리며 안심시켜 주었다. 그러고는 놀라서 뛰어오는 우리 부부를 향해 이렇게 말해 주었다.

"아이들은 모두 괜찮습니다. 안심하세요."

그러더니 곧 무슨 일이 있었냐는 듯, 각자 자신의 길을 찾아 떠났다. 알고 보니 그분들은 함께 이곳을 찾은 일행이 아니라, 서로 전혀 모르는 남남들이었다.

당시 나는 너무 당황했던 나머지, 그분들에게 연신 고맙다는 인사 외에 아무 말도 할 수 없었다. 그래서 그분들의 이름도, 사는 곳도 모른다. 하지만 그날 그분들이 우리 가족에게 베풀어 주었던 '대가를 바라지 않은 선행'에 대해서는 바로 어제 일처럼 똑똑히 기억한다.

도움을 주는 것이
곧 받는 것

원래 나는 결코 원만한 성격이 아니었으며, 성선설보다는 성악설을 믿는 편이었다. 다른 사람에게도 부드럽다기보다는 까칠한 편이었고, 내가 가르쳐야 하는 전공의 선생님들에게는 특히 늘 화를 내는 모습으로 비치곤 했다. 그러나, 다른 사람들이 보기에는 크게 바뀐 것처럼 느껴지지 않을지도 모르겠지만, 그때 이후 나는 나름대로 타인들에게 가능한 한 친절해지고자 노력하고 있다.

현재의 나는 봉사 활동을 하면서 타인에게 도움을 주는 것이 어려운 상황이다. 때문에 내가 타인에게 건넬 수 있는 가장 큰 도움은 매일 만나는 환자들에게 최선을 다하는 것이라고 믿기로 했다. 그래서 외래 진료가 시작되면, 그야말로 전력투구를 한다.

시간이 어찌 흘러갔는지 알 수 없을 정도로 몰입하다 보면, 어느새 반나절이 훌쩍 지나가 있기 일쑤다. 오전 외래가 끝나고 나면 한두 시간은 다른 일을 하기 힘들 정도로 에너지가 소진되어 버리고, 오후 외래를 마친 후 귀가하면 집에 도착하자마자 30분 정도 잠을 자야 할 만큼 신체적·정신적 한계 상황에 부딪치는 것 같은 느낌이 든다.

진료실에서 환자들을 만날 때는 언제나 선의를 품고서 내가 할 수 있는 한 최고로 친절한 태도를 잃지 않으려고 노력한

오늘 이 순간을
살기 위하여

다. 물론 쉬운 일은 아니다. 여전히 과거와 같은 까칠한 모습을 보일 때도 자주 있지만, 적어도 나의 태도를 스스로 의식하고 있을 때는 환자들을 비롯한 내 주변 사람들에게 친절해지려고 애쓰는 편이다. 그러는 과정에서 무엇보다 내가 나 자신에게도 조금씩 친절해지고 있음을 발견하고는 스스로 놀랄 때가 많다.

나의 선의가 타인의 선한 반응을 이끌어 내고 그 결과 타인의 선함을 경험하면서, 나의 모난 모습이 조금씩 누그러지는 것을 느낀다. 우울감과 괴로움에 시달릴 때에도, 내 과거의 삶을 스스로 가혹하게 비난하며 더 큰 괴로움에 빠진다든가, 객관적이어야 한다는 강박으로 인해 내 미래를 비관적으로 전망하는 일도 줄어들었다. 오히려 나 자신의 실수를 받아들이게 됐고, 과거와 현재를 분리해 지금의 나를 스스로 위로할 수 있게 됐다.

신기하게도 진료를 하다 보면, 이전에 다른 환자들과 면담했던 내용들이 아주 작은 부분까지 세밀하게 떠오르곤 한다. 이렇게 몇 개월 전, 심지어는 몇 년 전 진료실에서 들었던 이야기가 떠오를 때마다 정말 깜짝 놀라게 된다. 아마 그분들에게 더 많은 것을 주고 싶다는 '진심'이 생겨났기 때문이 아닐까 짐작해 본다.

내가 보고 있는 환자분들이 자신의 병으로부터 벗어나게 되길,
내가 가르쳐야 하는 의과대학 학생들과 전공의 선생님들이 좋은 의사
로 성장하여 더 많은 환자에게 도움을 주게 되길,
나의 부모님과 가족들이 건강하길,
나의 아이들이 타인을 배려하고 자신의 삶에 최선을 다하면서 스스로
의 행복을 찾아갈 수 있는 사람으로 성장하길.

이 모든 것을 진심으로 바라게 된다.

내가 나아져야만 무엇을 할 수 있을 것이란 조건을 달고 그
조건이 충족되지 않는 한 '아무것도 할 수 없는' 보다 정확히
말하면 '아무것도 하지 않는' 나 자신을 정당화하기보다는, 비
록 아프기 전보다 많은 일을 할 수는 없지만 내가 지금 할 수
있는 일들을 그저 계속해서 잘해 나갈 수 있길 소망한다. 6개
월, 1년 혹은 2년 후의 일을 걱정하기보다 지금 내가 할 수 있
는 것에만 온전히 집중하면서 오늘 하루를 열심히 살고 내일
하루를 준비하는 생활을 계속 이어 나가리라 다짐한다.

그리고 선의를 돌려받으리라 기대하지 않으면서도, 타인을

오늘 이 순간을
살기 위하여

돕고 친절을 베푸는 사람이 되겠다고도 다짐한다. 내가 먼저 그렇게 했을 때 타인은 물론 나 자신의 선함을 이끌어 낼 수 있다고 믿기에. 그리고 그것이 궁극적으로 나 자신을 구원할 것이라고 믿기에.

죽고 싶은
사람은 없다

고통을 겪는 가족과
함께 산다는 것

사랑하는 가족이 아파하는 것을 지켜보다 보면 때때로 내가 아픈 것보다 더 괴롭게 느껴진다. 특히 어린 자녀가 고통 속에 몸부림치는 것을 보아야 하는 부모의 마음은 글로 표현하기 힘들 정도다.

힘들어하는 가족을 보면서 우리는 걱정과 불안 그리고 미안함을 느낀다. 때로는 그들이 끝도 없이 미워지기도 한다. '왜 다른 집의 남편/아내는 건강하고 돈도 잘 버는데, 우리 남편/아내는 저 모양 저 꼴일까' 하는 원망의 마음이 들기도 하는 것이다. 그러다가도 이런 마음은 곧 다음과 같은 생각으로 이어진다.

'그렇지 않아도 힘들어하는 사람에게, 내가 도대체 지금 무슨 나쁜 생각을 하고 있는 거지?'

이런 죄책감이 들면, 결국 모두가 함께 우울해지고 만다.

가족 중 한 사람의 불행으로 인해 모든 가족 구성원들이 다 함께 불행해지는 것은 그야말로 최악의 시나리오다. 그렇다고 해서 가족이 고통스러워하고 있는데 나라도 우울해지지 말아야겠다는 생각에 고가의 공연을 보고 유흥을 즐기는 등 터무니없는 생활을 하는 것도 상식에 맞지는 않다. 보통 사람이라면 이것이 잘못되었다고 느끼거나 최소한 지나치다고 느낄 것이다.

그럼 도대체 어떻게 해야 한단 말인가. 울지도 웃지도 말라는 것인가.

'긴 병에는 장사 없다'는 말이 꼭 맞는 것은 아니다. 말기 신장병으로 인한 투석 환자, 심한 조현병 환자, 사고 후유증으로 신체가 마비된 환자, 중증 치매 환자 등 언제 끝날지 모르는 중증의 질환을 앓고 있는 환자의 보호자들 중에도 우울감을 느끼며 스스로 불행해지는 사람이 있는 반면, 심리적 건강을 잘 유지함으로써 고통에 처한 가족들에게 오히려 희망을 전해

죽고 싶은
사람은 없다

주는 사람도 있다.

후자인 분들의 공통점은 바로 '변하지 않는다'는 것이다. 그 분들은 비록 자신의 가족이 처한 상황은 변했지만, 그로 인해 힘들어진 가족을 대하는 태도 그리고 그 가족과의 관계는 변하지 않도록 최선을 다한다.

우리 병원에 방문할 때마다 늘 곱게 옷을 차려 입고 요구르트를 사오시는 60대 후반의 여자분이 있다. 그분의 딸은 조현병이 발병한 지 벌써 20여 년이 지나 40대가 된 지금까지도 어머니와 함께 살고 있다.

하지만 이 어머니는 딸을 조현병 환자로 보지 않고 여전히 소중한 자신의 아이로 바라보며 지내신다. 딸의 병세가 수년째 나아지지 않고 제자리걸음인데도 불구하고, 이 어머니는 늘 내게 이렇게 말씀하신다.

"우리 아이가 더 나빠지지 않게 잘 돌봐 주셔서 정말 감사합니다."

이 어머니의 유일한 걱정은 자신이 죽고 난 후에 딸을 돌봐 줄 사람이 없으면 어쩌나 하는 것이다. 그래서 그런 상황이 오지 않도록 하루라도 딸보다 오래 살기 위해 주민센터에서 요가를 배우고, 매일 한 시간씩 걷기 운동을 하면서 열심히 산다

한 번 더
생각해 보기

고 하셨다.

모든 것이 변한다. 하지만 내가 나를 낳아 주신 어머니와 아버지의 자식이며, 누군가의 남편 혹은 아내라는 사실, 내 아이들의 부모라는 사실만큼은 결코 변하지 않는다. 예기치 않았던 불행으로 인해 많은 것을 상실하게 되었더라도, 수많은 부정적 변화가 생겼더라도, 내게는 결코 변하지 않는 나의 가족들이 있으며 그들과 나의 관계는 영원하다는 점을 상기할 수만 있다면, 우리는 고통스러운 하루를 버텨 낼 힘을 다시 얻을 수 있을 것이다.

이렇듯 고통에 처한 사람들의 가족이 해야 할 일은 고난 속에서 많은 것이 변해 버렸지만, 가족들 간의 관계는 전혀 변하지 않았으며 앞으로도 결코 변하지 않을 것이란 점을 가족끼리 함께 이야기 나누는 것이다.

고통을 겪고 있는 가족과 함께하는 일이 쉽지는 않다. 그렇다고 마냥 어렵지만도 않다. 그냥 나쁜 일이 일어나기 전과 다름없이 살아가면 된다. 함께 TV를 보고, 밥을 먹는다. 아이들이 학교에서 돌아오면, 무슨 일이 있었는지 물어본다. 가끔 영화도 보고, 동네 슈퍼에서 과자를 사다가 함께 먹기도 한다. 그리고 밤이 되면, 함께 잠자리에 든다.

죽고 싶은
사람은 없다

세상의 모든 것이 변해도 우리 가족은 '함께'라는 것을 상대가 느끼게 해 주고, 스스로도 그렇게 느낄 수 있어야 한다. 그렇게, 가족은 함께 고난을 견디며 더 단단해지는 법이다.

한 번 더
생각해 보기

"Life will find a way."

이 말은 영화 〈쥬라기 공원〉에 나오는 대사로, '생명은 방법을 찾을 것이다'라는 뜻이다. 영화에서 쥬라기 공원을 만든 설립자는 공원 안의 모든 공룡들을 암컷으로만 태어나게 하여 그들을 완벽하게 통제하고 있다고 설명하지만, 수학자인 말콤 박사는 이에 대해 "생명은 방법을 찾을 것이다"라고 이야기하며, 자신의 유전자를 후세에 전달하기 위한 생명체의 본능은 어떠한 통제(고난)에도 불구하고 마침내 그것을 뚫을 해법을 찾아낼 것이라는 사실을 암시한다.

죽고 싶은
사람은 없다

나는 아프고 난 후 이 영화를 다시 보면서 이 대사가 남다
르게 다가왔다. 내게는 이 말이 다음과 같이 들렸다.

"삶은 길을 찾을 것이다."

흔하지는 않지만, 간혹 답답하고 절망적인 상황에 놓여 있
을 때 전혀 기대치 않았던 외부에서 희망이 찾아와 문제를 해
결해 주기도 한다. 이혼을 하고 힘들게 살고 있는 여자에게 연
하의 재벌 2세가 다가와 둘이 사랑에 빠지고 마침내 결혼해서
행복하게 잘살았다는 식의 TV 드라마가 그 대표적인 예다. 그
렇게만 된다면 더할 나위 없이 좋겠지만, 현실적으로 이런 일
은 벌어지기 힘들다.

인생을 그저 운명에만 맡긴 채 무작정 드라마에서나 일어
날 법한 행운이 찾아오기만을 기다리며 살아갈 수는 없는 노
릇이다. 게다가 현실에서는 착한 사람들에게도 매우 나쁜 일
이 일어나며, 때때로 그 나쁜 정도가 너무나 가혹해 도저히
감당하기 힘들 수도 있다. 암으로 몇 년간 고생하던 남편을 하
늘나라로 떠나 보내고 슬픔 속에 어렵게 키우던 네 살배기 외
동딸마저 어린이집 버스 사고로 순식간에 잃게 된 어머니가

마치는
글 I

어떤 정신적 괴로움을 겪을지 상상이나 할 수 있겠는가?

　우리 주변에서는 실제로 그런 일들이 벌어지고 있다. 이런 가혹한 일들을 겪었을 때, 희망의 흔적조차 찾기 힘들 정도로 절망적일 때, 과연 우리는 어떻게 살아갈 수 있을까. 그런 상황이 되면 차라리 죽는 것이 낫지 않을까.

　나의 진료실에는 정말 어려운 상황을 겪고 있는 분들이 많이 찾아온다. 그분들 중 상당수는 지금 당장 죽는 게 낫다고 느낄 정도로 괴로움에 빠져 있으며, 더러 자살을 기도했다가 실패해 나를 만나게 된 분들도 있다. 그분들이 감당하기 힘든 고난의 순간, 죽음을 불가피한 선택으로 떠올렸다는 것을 나는 존중한다. 그분들에게 현재란 어제와 다름없는 고통이 지속되는, 아무런 희망도 보이지 않는 상황이라는 점을 공감한다. 그분들에게는 지금 당장 죽어도 아쉽지 않을 만큼 많은 '죽어야 할 이유'가 있음을, 그분들을 면담하는 과정에서 속속들이 알게 된다.

　하지만 어쨌든 그분들은 나의 진료실에 찾아왔고, 면담이 이루어지는 지금 이 순간 내 앞에 숨을 쉬며 살아 있다. 우리는 바로 거기에서부터 다시 시작해야 한다.

　나는 나를 찾아온 분들의 용기에 감사한다. 희망은 고사하고 삶을 지속해야 할 아무런 이유도 보이지 않는 절망의 밑바닥에서 누군가에게 도움을 요청한다는 것은 결코 쉬운 일이 아니다. 때때로 여기에는 상당한 용기가 필요하다. 특히나 정신건강의학과 진료를 받은 적이 있다는 사실만으로 보험 가입을 거절하는 일부 보험 회사가 있을 정도로 지독한 편견이 엄연히 존재하는 우리나라의 현실을 감안할 때 그분들은 대단히 용기 있는 선택을 한 것이다.

경제적 곤란, 육체적·정신적 질병으로 인한 심신의 고통, 억울한 누명과 명예의 상실 등의 상황이 발생하게 되면 사람은 고립되게 마련이다. 그러한 고립으로 인해 괴로움이 오랜 기간 지속되면 결국 절망하게 된다. 절망의 본질은 자신의 미래에 대한 비관이다. 이는 희망을 앗아가 버린다. 그렇게 희망을 잃어버린 사람들은 조금씩 자신의 일상과 타인과의 관계를 중단하면서, 해결되지 않는 자신의 문제에만 몰두하며 스스로 더욱더 고립되어 간다.

인간은 사회적 동물이라는 말도 있듯이, 우리는 타인과 맺고 있는 관계로서 자신의 정체성이 정의되는 존재다. 하지만 희망을 잃어버린 사람들은 타인과의 관계를 스스로 조금씩 단절해 나가면서 점차 활동 반경을 좁힌다. 그러다 마침내 모든

마치는
글 I

관계가 끊어져, 하나의 점點이 되어 버린다. 점이 되어 버린 사람은 더 이상 자신의 존재 의미를 찾기가 어렵다. 자신이 고립된 점이 되어 버렸다는 것을 깨닫는 순간 절망은 더 커지며, 결국 그는 극도의 정신적 괴로움 속에서 스스로 존재의 소멸을 생각하게 될 것이다.

절망의 순간, 누군가를 찾는다는 것은 고립된 점에서 다른 곳과의 연결을 시도하는 행위다. 그렇게 해서 누군가와 만나는 그 순간, 관계의 선線이 다시 그어진다. 하나의 선이 그어지면, 두 번째 선을 그리기는 처음보다 조금 더 쉬워진다. 그렇게 지워졌던 선들을 하나씩 다시 이어 가는 과정에서 희망은 새롭게 만들어진다.

모든 연결 고리가 끊어져 버린 채 고립되었다 할지라도, 작아질 대로 작아져 종국에는 점이 되어 버린 절망의 상황에 놓였을지라도, 존재가 소멸되지만 않았다면 아니 스스로 자기 존재를 소멸시키지만 않았다면 다시 선을 그을 수 있다.

지금 이 순간 소멸하지 않고
살아 숨 쉬는 나의 존재는
희망에 대한 가장 분명한 근거가 아닐까.

죽고 싶은
사람은 없다

괴롭고 힘들어도 오늘을 버티며 산다. 오늘 밤이 지나고 내일이 오면 또다시 오늘을 산다. 그렇게 계속 오늘을 살아간다. 그리고 매일의 오늘, 나의 지금 이 순간이 희망의 시작임을 믿는다.

희망에 근거가 더해질 때, 마침내 신념이 만들어진다. 지독한 고통의 순간에, 신념은 삶을 지속해 나갈 수 있는 의지를 생산해 낸다. 이는 칠흑같은 어둠과 절망의 상황, 수없이 많은 죽음의 이유 속에서, 잘 보이지는 않지만 우리 삶의 어느 구석에서인가 조용히 빛나고 있는 삶의 이유를 찾아내도록 이끌어 준다.

그렇게 신념은 고통을 견뎌 낼 수 있게 하고, 우리를 과거에 대한 후회로부터 벗어나게 하며, 미래에 대한 두려움을 이겨 내게 해 준다. 고통을 받아들이는 것에서 한 걸음 더 나아가 언젠가 고통을 이겨 낼 수 있게 될 때까지, 도무지 안 되던 것이 어느 순간 될 때까지, 우리의 평범하고 소박한 일상을 지속하게 도와준다. 그리고 지금 이 순간 내가 살아 숨 쉬고 있음을 귀하게 느끼도록, 오늘 하루를 충실하게 살아갈 수 있도록 해 줌으로써, 고통으로부터 우리가 우리 스스로를 구원할 수 있게 해 준다.

마치는
글 I

이 모든 과정은 우리 자신에 의해 이루어질 수 있다. 우리
는 스스로 희망을 만들 수 있다. 희망의 근거가 우리 자신의
존재 그 자체이기 때문이다.

우리는 스스로의 희망에 의해 구원될 것이다. 그리고 마침
내 삶은 자신의 길을 찾아낼 것이다.

죽고 싶은
사람은 없다

이 책을 다 쓰고 나서, 이런저런 이유로 출판이 미뤄지며 또 한 해가 지나갔다.

그동안 달라진 것은 별로 없다. 나는 여전히 중학교 시절 학교에 가면 어쩔 수 없이 만날 수밖에 없었던 나쁜 친구처럼 내게 줄곧 들러붙어 있는 통증과 이상 감각을 느끼며 하루를 시작한다. 어떤 날은 무딘 칼날이 발가락 사이를 후벼 파는 것 같은 고통, 어떤 날은 뱀파이어를 잡을 때나 쓸 것 같은 커다란 말뚝을 망치로 다리에 두드려 박는 듯한 고통에 시달리면서 지낸다.

가족들 모두가 잠든 새벽, 극심한 통증으로 잠을 이루지 못하다가 한 움큼의 진통제를 더 먹고 그저 다시 잠에 들 수 있기만을 기다리고 있을 때면, 나 자신이 비참하게 느껴져 가끔 눈물이 나기도 했다. 끝이 보이지 않는 깜깜한 동굴에서 내가 가는 방향이 맞는 것인지 알 수 없어 불안해하면서도 그저 가던 방향으로 걷는 것 외엔 다른 선택의 여지가 없는 것처럼 보일 때면, 여기에서 걷기를 멈추고 누구에게나 언젠가 닥쳐 올 죽음을 조금 일찍 맞이하면 어떨까 하는 생각에 다시 머물러 보기도 했다.

그럴 때마다 이렇게 생각했다.

지금까지 50년이 조금 안 되는 인생을 살아오면서 내가 이렇게 아팠던 시간은 3년 정도이며, 이는 나의 삶 전체로 봤을 때 고작 6퍼센트 정도에 불과하다. 바꾸어 말하면, 지금껏 내 인생의 94퍼센트 정도 되는 기간은 현재의 고통과 무관했으며, 이때 내게는 나름대로 수많은 기쁨과 행복, 성취의 시간이 존재했다는 것이다.

지금 이 순간 내가 삶을 멈추기로 한다면, 94퍼센트의 그다지 나쁘지 않았던 시간은 기억의 저편으로 사라져 버린 채 나는 고통과 상처로 얼룩진 6퍼센트의 시간만으로 나의 가족들

죽고 싶은
사람은 없다

에게 기억될 것이다. 따라서 현재 시점에서 내가 죽음을 선택하는 것은 너무나 어리석은 일이라고, 나 자신을 이성적으로 설득하면서 견뎌 내고 있다.

그렇게 힘겨운 날들을 보내던 중, 나는 설상가상으로 의료 사고를 경험하게 되었다.

건강 검진을 위해 위 내시경과 대장 내시경을 받았는데, 우연히 대장에서 용종이 발견되어 이를 절제하는 간단한 시술을 받기로 했다. 문제는 시술 이후였다. 장 출혈이 발생한 것이다. 화장실에 갈 때마다 한 바가지 정도의 피를 흘리게 됐고, 나는 시술했던 곳에 전화를 걸어 이런 내 상황에 대해 설명했다. 내 전화를 받은 친절한 간호사는 용종 절제술 후에는 약간(!)의 출혈이 있을 수도 있으나, 대개는 저절로 멎으니 안심하라고 했다. 하지만 친절한 설명이 무색하게도 출혈은 이틀이 지나도 계속되었다.

이틀날 부랴부랴 병원을 찾아 시술한 부위를 내시경으로 재확인해 보니, 용종을 절제한 부위에서 계속 피가 흐르고 있었다. 그 부위에 클립을 박아 넣는 방법으로 응급 지혈을 했고, 나는 또다시 입원하게 되었다.

금식과 절대 안정 지시를 받고 병원 침대에 누워 있는데,

마치는
글 II

화장실에 가는 것이 너무나 두려워졌다. 또 출혈이 있으면 어떡하나 하는 두려움도 두려움이었지만, 출혈 여부를 확인하기 위해 간호사와 전공의 선생님에게 내 용변을 보여 주어야 한다는 사실이 너무나 수치스러웠다. 그때 나의 바람은 꼭 한 가지뿐이었다.

'어서 빨리 피가 멎어 죽 대신 밥과 반찬을 먹을 수 있었으면……'

그렇게 며칠이 지나 상태가 안정되어 퇴원하게 됐을 때, 나는 작은 깨달음을 얻을 수 있었다.

보통의 밥을 먹을 수 있다는 것,
나 스스로 화장실에 가서 누군가를 의식하지 않고 시원하게 용변을 볼 수 있다는 것,
이것이 얼마나 기쁘고 소중한 일인가.

그동안 나는 내가 잃어버렸거나 가지고 있지 못한 것에 대한 원망과 아쉬움을 가진 채 살고 있었다. 실제로, 나는 지난 몇 년간 많은 것을 잃었다. 집과 직장만을 겨우 오가는 생활을 하면서, 친구와 동료들과의 모임은 물론 지인들의 경조사에도

죽고 싶은
사람은 없다

제대로 찾아가지 못했다.

사람과의 관계는 그 사람과 함께한 시간의 길이에 비례해 깊어지게 마련이다. 그런데 타인과 함께할 시간을 거의 갖지 못하면서 가뜩이나 좁았던 대인관계가 극도로 좁아지게 되었다. 나와 가족의 생계를 위해, 꼭 해야 할 일을 해내기 위해 개인적으로 내가 하고 싶은 일은 하지 않고 하루하루를 버텨 내는 생활을 지속해 나가자, 삶의 재미와 의미 또한 조금씩 잃어가고 있었다.

하지만 이 의료 사고를 경험하면서, 나는 내가 가지고 있는 것이 여전히 많다는 것을 다시 한번 뼈저리게 느낄 수 있었다. 비록 아주 먼 거리는 힘들지만, 나는 최소한 내가 원하는 곳까지 스스로 걸어갈 수 있다. 누구의 도움도 없이 독립적으로 밥을 먹을 수 있고, 화장실에 갈 수도 있다. 다른 사람들과 이성적으로 대화할 수 있으며, 나의 경험과 지식을 가지고 누군가에게 도움을 줄 수 있는 직업을 유지할 수 있다. 가족들이 짜장면이 먹고 싶다고 하면, 호텔 중식당은 아니더라도 동네 중국집에서 간짜장에 탕수육이 포함된 1번 세트를 시켜 줄 수 있을 정도의 경제적 형편도 된다. 이 정도면 꽤 괜찮은 삶이지 않은가.

마치는
글 II

퇴원 후 진료실로 돌아가 나의 환자들을 만날 때면, 또 다른 기쁨이 나를 기다린다. 바로 상당수의 환자분이 나를 진심으로 걱정해 주시는 것이다.

"선생님, 아프시면 안 돼요."

환자들이 내게 이런 말을 해 줄 때마다 고마움과 함께, 내가 그분들에게 해 준 것이 무엇이 있다고 "선생님"이란 칭호와 함께 이런 황송한 말을 들을 수 있는 것인지, 과연 내게 그런 자격이 있는 것인지 부끄러움이 앞선다.

나는 1996년에 의사가 되었다. 어느덧 그로부터 꼭 20년이 지났다.

나도 처음에는 의사인 내가 질병을 치료한다고 믿었다. 하지만 지금은 그렇게 생각하지 않는다. 나는 환자들이 스스로 회복할 수 있도록 돕고 있을 뿐이다. 아무리 훌륭한 재능을 가지고 있는 운동선수라도 좋은 감독과 코치를 만나지 못하면 최고의 선수가 되기는 쉽지 않을 것이다. 이제 나는 내가 하는 일이 바로 그런 일이라고 믿는다.

다행히, 모든 환자는 자신이 처한 고통과 어려운 상황을 극복하고 삶을 있는 그대로 받아들이면서 소박한 행복을 누리길 간절히 소망한다. 이런 소망은 운동선수로 보자면 훌륭한 재

죽고 싶은
사람은 없다

능을 가지고 있는 것과 마찬가지다.

나는 그분들이 자신들의 소망을 이룰 수 있도록 계속 공부해 나가며, 과학적인 근거에 기반한 믿을 수 있는 정보와 도움이 될 만한 적절한 치료법을 차근차근 제공한다. 때로는 비슷한 역경에 처해 있었다가 이를 성공적으로 극복한 다른 환자들의 사례를 알려 드리기도 한다. 어떻게 보면 나의 역할은 삶의 고난을 극복하기 위해 필요한 지식과 경험을, 그것으로 도움을 얻을 만한 사람들에게 전달해 주는 '지식과 경험의 중개인'과도 비슷한 것 같다.

나는 오늘도 환자분들로부터 배우고 있다 그분들에게 하는 말은 나 자신에게 하는 말이기도 하다. 암을 진단받고 여러 차례의 수술과 항암 치료를 받으면서 지칠 대로 지쳐 버려 우울증이 발생한 환자에게 나는 이렇게 말한다.

"몸이 아픈데, 마음까지 아파지면 너무 억울하지 않겠어요? 마음이 아프면 몸도 더 아파지는 법이지요. 오래가는 긴 병과의 싸움에서는 기죽지 않는 게 제일 중요합니다. 우리 같이 이 고비를 넘어가 봅시다. 제가 도와드리겠습니다."

지금이 내 인생 최악의 순간이라고 느낄 때가 있었다. 하지만 이제 나는 내가 삶을 지속하는 한 적어도 최악은 없다고 확

마치는
글 II

신한다. 앞으로도 가끔 흔들리는 것은 어쩔 수 없겠지만, 부러지지는 않겠다고, 보다 정확히는 스스로를 부러뜨리지는 않겠다고 다짐한다. 나의 삶이 바로 내 희망의 근거라고 믿기 때문이다.

아울러, 작은 바람이지만 삶의 어느 순간 찾아온 불행으로 인해 힘겨워하는 누군가가 이 책을 읽으며 작은 도움이라도 얻을 수 있었으면 좋겠다. 우울증이나 자살 생각에 시달리는 사람들이 그러한 문제가 자신에게만 있는 것이 아니라, 누구에게나 찾아올 수 있는 것임을 깨닫고 스스로 일상으로 돌아갈 수 있는 힘을 얻을 수 있으면 더욱 좋겠다.

힘겨워하는 사람들을 비난하기보다 그들의 회복을 응원하고 아픔을 이해할 수 있는 사람들이 우리 사회에 더 많이 생기기를 간절히 바란다. 그럴 수 있다면 우리는 함께 같은 시대를 살고 있는 사람들의 존재, 그 자체에서 희망의 근거들을 발견하게 될 것이다.

"순순히 어둠을 받아들이지 마오."

이 책 맨 처음에도 인용했던 이 말은 영화 〈인터스텔라〉에

죽고 싶은
사람은 없다

나와 더 유명해진, 시인 딜런 토마스의 시 제목이다. 나는 이
책을 읽는 모든 분과 함께 이렇게 다짐하고 싶다.

결코 순순히 어둠을 받아들이지 않겠다고.

마치는
글 II

2부

희망의
근거

끝나기 전까지는

종일 김광석을 다시 듣고 있다.

마지막이 비극이었던 그의 인생에 대한 기억, 나름대로 힘든 시기를 겪고 있는 나 자신에 대한 연민, 거기에 그의 노래에 깊게 배어 있는 감성이 겹쳐지면서 눈물을 만든다.

모든 것에는 끝이 있지만,
끝나기 전까지는 끝난 게 아니다.

2013년 2월 28일

죽고 싶은
사람은 없다

변화의 가능성

가지 않을 것 같은 겨울이 지나고 어느새 3월. 봄이 시작되고 있다.

하지만 봄을 맞이하는 3월의 첫날.

내게 처음 떠오르는 노래는 이상하게도 김윤아의 '봄날은 간다'였다.

공포의 시절에 전라북도 군산시 개정면 보건 지소의 낡은 관사에서 486 컴퓨터를 이용해 구워 놓았던 CD 꾸러미들 사이에서, 마침내 '봄날은 간다'를 찾아냈다.

희망의
근거

머물 수 없기에 아름다움으로 기억될 봄날.

겨울이 있기에 봄이 아름다운 것.

하지만 내 인생의 봄날은 이미 지나간 것일까?

다음 곡으로 빅뱅의 '블루'를 듣는다.

"겨울이 가고 봄이 찾아오죠.

우린 시들고 그리움 속에 맘이 멍들었죠."

하루는 길고 1주일은 짧다. 한 달은 더 짧고 1년은 순식간에 지나간다.

그다음, 나는 영화 〈봄날은 간다〉를 떠올린다.

은수는 "라면 먹고 갈래요?"라고 묻고, 상우는 "사랑이 어떻게 변하니?"라고 말한다.

사랑은 잘 모르겠지만, 지금의 나는 적어도 사람은 변할 수 있다고 믿는다. 사람의 변화 가능성을 믿어주는 것이 나의 직업이라고 느낀다.

죽고 싶은
사람은 없다

나는 기다리는 법을 배워 나가고 있다. 원래 기다리는 일은 내가 가장 힘들어했던 것이었다. 로딩 시간을 기다리기 싫어서 1년에 한 번씩 새 컴퓨터를 샀고, 음식 주문하고 기다리는 시간이 싫어서 항상 "제일 빨리 되는 것이 뭐예요?"라고 묻곤 했다.

하지만 지금의 나는 기다린다. 사람은 변할 수 있고, 누군가가 조금만 도와준다면 그 변화가 긍정적인 방향을 향할 수 있다고 믿는다.

마지막 곡으로 폴리스police의 '킹 오브 페인king of pain'을 듣는다.

중학생 때 동시 상영관에서 나는 〈영웅본색〉을 반복해서 보았고, 〈천장지구〉와 〈열혈남아〉〈아비정전〉의 비디오테이프를 소중히 간직하고 있었다. 그 시절 유치한 열네 살 소년인 내가 '이 친구를 위해서라면 죽을 수도 있겠구나' 하고 생각하게 해 주었던 친구가 있었는데, 폴리스의 곡은 바로 그 친구가 내게 '선경 스마트 카세트테이프'에 녹음해 주었던 것이다.

지금은 그 카세트테이프를 잃어버렸지만, 나는 젊은 시절

희망의
근거

스팅sting의 목소리로 녹음된 '에브리 브레스 유 테이크Every breath you take'와 '킹 오브 페인'을 여전히 내 스마트폰에 넣어 가지고 다닌다.

머물 수 없는 봄날을 소중하고 감사하게 받아들이면서…….

2013년 3월 1일

죽고 싶은
사람은 없다

지독한 불행 앞에서

평범한 사람의 지독한 불운.

왜 지극히 평범한, 바꾸어 말하면 그다지 죄를 짓지 않은 사람들이 감당하기도 힘든 불행으로 인해 고통을 겪거나 심지어 자살하게 되는가 하는 의문이 생겼다.

멀리는, 샌디 훅 초등학교에서 영문도 없이 살해된 다섯 살 어린이들 그리고 그들의 부모들. 가까이는, 대형 병원이면 어디에서나 볼 수 있는, 이름도 이상한 병에 걸려 짧은 생의 대부분을 병원에서 보내다가 삶을 마감하는 어린 환자들과 지독

희망의
근거

한 고통을 겪으며 죽어 가는 자식을 지켜보아야만 하는 젊은 엄마 아빠들. 이런 불행과 고통을 도대체 종교적으로는 어떻게 설명할 수 있는가?

자료를 찾다가 영화 〈밀양〉, 영문명 '시크릿 선샤인secret sunshine'을 보게 되었다(이창동 감독은 영화 곳곳에서 햇빛을 보여 줌으로써 밝은 곳, 어두운 곳, 깨끗한 곳, 지저분한 곳을 가리지 않고 따스하게 밝혀 주는 신의 손길을 암시했다고 한다). 〈밀양〉은 2007년 칸영화제에서 전도연 배우에게 여우주연상을 안겨준 작품이기도 하다.

영화에서 주인공은 남편을 잃고 외아들과 함께 남편의 고향인 밀양으로 내려와 피아노 학원을 운영하며 살아간다. 그러나 밀양으로 내려온 지 얼마 지나지 않아 유괴 사건으로 아들마저 잃게 된다. 〈밀양〉은 주인공이 지독한 정신적 고통 속에서 종교를 찾고 위안을 얻어 가지만 그 과정에서 그녀가 겪는 고통을 함께 다룬 이야기다.

남편을 잃고 아들까지 잃어버린 후, 견디기 힘든 절망 속에서 전지전능한 신을 만남으로써 찾은 마음의 평화? 가장 소중한 두 가지를 처참한 방식으로 상실했지만, 신을 만났고 그로 인해 그녀가 행복해진다? 그녀에게 신을 만나게 해 주는 것이 신의 뜻이었다면, 왜 하필 그렇게 처참한 방법을 사용해야 했을까? 전지전능이라 함은 그야말로 무엇이든 할 수 있는 것인데, 도대체 왜?

그녀의 아들은 고작 여섯 살이란 나이에 단지 어머니를 신에게 인도하기 위해 죽어 가야 했던 것인가? 단지 그것을 위해 한 생명을 태어나게 하고 죽게 했단 말인가? 아니면 신의 섭리를 인간의 머리로 이해하려 하지 말아야 하는 것인가? 그러한 시도 자체가 인간의 오만함인가?

더 생각할수록 머릿속이 뒤엉켜 가고, 평범한 사람들의 지독한 불행에 대해서는 종교적 설명이 불가능하거나 적합하지 않으며, 결국 그것은 그저 통계적으로 이해되어야 하는 것이 맞지 않나 생각하게 된다. 누군가에게는 일어나기 힘든 일이지만 복권에 당첨되는 사람이 늘 있는 것처럼, 나쁜 일을 반복적으로 경험하는 사람도 있을 수밖에 없다는 딱딱하고 건조한 설명.

하지만 이 설명은 거시적으로는 받아들일 수 있지만 미시적으로는 받아들이기 어려워진다. 특히 그런 불운이 자신이나

희망의
근거

가족에게 발생하는 경우라면.

공부가 더 필요하다.

2013년 3월 2일

죽고 싶은
사람은 없다

유일한 해답

부끄럽게도 지금까지 나는 이름에 '마리아Maria'가 들어가므로, 라이너 마리아 릴케Rainer Maria Rilke가 여자인 것으로 알고 있었다. 게다가 그저 장미의 가시에 찔려 죽었다고 어디에선가 주워 들은 어렴풋한 기억을 근거로, 그가 여자일 것이라고 믿고 있었다. 그러나 릴케는 죽은 딸을 그리워하는 어머니 아래에서 여자아이 옷을 입으면서 자랐으나, 매우 또렷한 인상을 가진 남자였다.

그는 사망에 이르기 전 4년 동안 백혈병으로 인해 상당한 고통을 겪었던 것으로 보인다. 마음 챙김에 대한 공부를 하다 보면 곳곳에서 그를 만나게 된다. 릴케의 시에서 그가 겪었던 고통이 물리적인 것인지 정서적인 것인지는 알 수 없지만, 얼마나 괴로운 것이었는지는 짐작할 수 있다.

나를 포함한 대부분의 사람들은 때때로 상당히 큰 고통도 견뎌 내곤 한다. 단, 이는 육체적이거나 정신적인 고통이 오래 가지 않을 것이라는 분명한 보장이 있거나, 고통이 지나간 후 그것을 겪어 낸 것에 대한 적절한 보상이 주어진다는 기대가 있을 때 가능한 것 같다.

하지만 고통이 너무 심해서 잠시라도 참을 수 없거나, 고통이 오랫동안 지속되었지만 언제 끝날지 모르는 상황이며 더 큰 고통이 찾아올지도 모른다는 두려움이 있다면, 그것을 견디기는 무척 어려울 것이다.

그러한 때 우리가 할 수 있는 것은 기도뿐이겠지만, 기도에 대한 응답은 '기적'이란 말로 표현될 만큼 흔한 일이 아니며, 고통의 상황에서 절박하게 기도한 후에 겪는 감정은 오히려 '이 모든 고통을 외면하고 당신은 대체 어디에 있나요?' 하는 신에 대한 원망일 가능성이 크다.

죽고 싶은
사람은 없다

고통의 끝이 보이지 않는 상황에서, 지금의 고통을 견뎌 내는 것에 대한 보상을 기대하지 않으며 고통과 함께 살아간다는 것은 매우 어렵지만, 이것이 '응답answer'이 없는 상황에서의 유일한 '해답answer'일 것이다.

2013년 5월 10일

희망의
근거

늦게 피는 꽃

대부분의 꽃은 비슷한 시기에 함께 핀다. 그런데 어떤 꽃은 좀 늦게 핀다. 하지만 늦게 핀 꽃도 똑같이 아름답다.

나는 그동안 늦게 피는 꽃을 기다려 주지 못하고 너는 왜 아직도 안 피어나고 있냐며 줄기를 잡아 흔드는 사람이었던 것 같다.

이번에 돌아가면 충분히 기다릴 줄 아는 선생님이 되어야 겠다고 다짐해 본다.

죽고 싶은
사람은 없다

화창한 봄,

우리 전공의 선생님들의 얼굴이 자주 떠오른다.

2013년 5월 14일

희망의
근거

쓸데없는 생각

잠을 자고 났더니 머리가 맑아진 것 같다.

MBSR 훈련 참가자들의 개인사도 너무나 극적인 것이 많았지만, 이번에는 개인사보다 정신건강의학과 진료, 보다 넓게는 우리나라의 진료 현실에 초점을 맞추어 생각을 한번 정리해 보고 싶다.

영국에서 온 H는 나보다 네 살 위였고 영국에선 군 복무를 할 필요가 없으므로, 정신건강의학과 전문의로 상당한 경력이 있는 분이었다. 내가 영국의 국민 건강 서비스National Health Service, NHS를 상당수 국내 정치인들이 매우 좋은 시스템으로 보

죽고 싶은
사람은 없다

고 있다고 하자, 그는 애매한 표정을 지으며 말했다. 그의 표현을 그대로 빌리자면 "국민 건강 서비스는 단지 기초적인 서비스에 불과합니다. 그리고 그조차도 삐걱거리고 있습니다. 그것은 수련의들에게 더 적합합니다."

많은 이야기가 있었지만 그의 말을 요약하면, 영국에선 의사 면허 취득 후 일정 기간은 반드시 해당 서비스 시스템 안에 있어야 하지만, 자신을 포함하여 대부분의 전문의들은 빨리 그곳에서 벗어나기를 기다린다고 했다. 전문의가 된 지 얼마 안 된 의사들은 국민 건강 서비스를 통해 진료 경험을 열심히 쌓으려고 하겠지만, 근무 시간 외에 개인 진료를 할 수 있는 권한이 주어진 전문의는 보통 주간보다는 야간에, 주중보다는 주말에 더 열심히 일한다고 했다.

정신건강의학과도 국민 보험 없이 의료비를 개인이 부담하는 경우에는 한 시간에 200~400파운드(한화로 약 32만~63만 원)를 받는데, 이 비용은 대개 환자들이 가입한 사보험own insurance 에 의해 지불될 수 있으므로, 고가이긴 하지만 환자들의 부담이 그렇게 큰 것은 아니라고 했다(사실, 의료 체계와 보험 등에 나는 별 관심이 없기 때문에 그가 한 말을 별도의 자료를 찾으며 검증하지는 않았지만, 그가 내게 거짓말을 하지는 않았을 것이고 만약 내 글

희망의
근거

에 오류가 있다면 그것은 내가 그의 영어를 제대로 이해하지 못한 탓일 것이다).

외과의 경우도 마찬가지여서, 국민 건강 서비스의 긴 대기 시간을 못 견디거나 자신을 수술해 줄 의사를 선택하고자 하는 환자들이 많은 까닭에 그는 의사들도 시스템의 외부에서 이루어지는 수술을 선호하는 편이라고 말했다. 또한 그는 종일 열 명 남짓한 환자를 진료한다고 했다. 우리나라의 정신건강의학과 전문의들이 하루에 50명을 진료한다고 하자, 그는 몹시 놀라며 "지역 보건 의사들과 다른 게 뭐냐?"고 내게 반문했다.

그의 질문은 정신건강의학과 전문의로서 나의 정체성에 대한 근본적인 회의를 가지게 만들었다. 그는 마음 챙김을 공부하는 매우 믿음직한 사람이어서, 의사가 환자를 보는 시간이 비록 짧더라도 환자들은 의사와의 관계에서 상당한 신뢰를 얻을 수 있을 것이라는 말을 덧붙여 주긴 했지만, 사실 난 부끄러웠다. 이번에 돌아가면 나도 한번 재진 환자는 한 시간에 두세 명, 초진 환자는 한 시간에 한 명만 예약을 잡아 볼까 하는 생각도 잠시 했지만, 그 생각은 현실을 고려할 때 1분도 지속

죽고 싶은
사람은 없다

될 수 없는 공상일 뿐이었다.

　과연 나는 제대로 하고 있는 것일까? 우리나라에서 정신건
강의학과 진료를 제대로 한다는 것은 어떤 것일까? 그리고 그
것은 가능하기나 한 것일까?

　머릿속에서 질문은 계속 이어지지만 대답을 찾기는 점점
어려워진다. 이런 젠장, 대뇌의 전두엽에 심각한 통증이 느껴
지는 것 같다. 아침 일곱 시부터 이게 무슨 쓸데없는 생각인
가. 어제 류현진이 공도 잘 던졌는데 오늘은 딴 생각하지 말고
그냥 놀아야겠다.

2013년 6월 8일

희망의
근거

보고 듣고 말하기

요즘 〈흉부외과〉라는 드라마를 보고 있다. 인턴이었던 1996년에는 나도 흉부외과 의사가 되고 싶었다. 흉곽을 절개하고 나면 내 눈앞에서 박동하는 붉은 심장이 드러났다. 혈액을 심장 밖에서 순환시키는 체외 순환기를 비롯해, 듣지도 보지도 못했던 수많은 장치를 제어하며 집도하는 흉부외과 의사는 거대한 오케스트라의 지휘자처럼 보였다.

수술이 끝난 후, 중환자실에서 밤새 환자를 보조하는 1년 차 선생님을 돕는 것이 인턴인 나의 임무였지만, 그것도 정말 멋있었다. 주치의인 1년 차 선생님은 소변 주머니로 노랗게

죽고 싶은
사람은 없다

환자의 소변이 잘 나오자 정말 기뻐했다. 그것은 혈액과 체액의 순환이 원활하다는 신호였기 때문이다. 나도 기뻤다.

우리는 사명, 생명, 사랑, 인권 같은 거창한 말은 전혀 하지 않았지만, 생면부지의 환자 곁에서 밤을 새우며 누군가를 살릴 수 있다는 것이 이렇게 사람의 기분을 좋게 만들 수 있구나 하고 깨달았다. 이런 게 진짜 의사라고 생각했다.

하지만 난 흉부외과 의사가 될 수 없었다. 처음에 내가 흉부외과에 관심을 보이자, 전공의 선생님들은 더 많은 것을 가르쳐 주려고 했다. 어느 날 응급실에 폐암 말기 환자가 방문했다. 당시 당직이었던 3년 차 선생님은 내게 흉곽천자thoracentesis를 해 보라고 하셨다. 이전에도 한 번 해 보았던 기술이었지만 그때의 나는 그것을 제대로 해 내지 못했고, 결국 옆에서 지켜보던 3년 차 선생님께서 이어받아 수술을 성공적으로 마무리했다. 나는 그 환자에게 유독 미안했다. 그리고 며칠 후 그분이 사망했다.

그 죽음에 대해 어느 누구도 내게 말하는 사람은 없었지만 나는 자책했고 절망했다. 아둔한 내 손을 탓했다. 이런 간단한 기술도 제대로 다루지 못하면서 도대체 무엇을 할 수 있을지. 나의 무능함으로, 내 손으로, 내 눈앞에서 누군가를 죽게 한다면 내가 그것을 감당할 수나 있을지. 도저히 자신이 없었다. 그렇게 나는 흉부외과 의사의 꿈을 접었다. 그리고 흉부외과 와는 가장 거리가 먼, 아둔한 손으로도 최소한 환자의 안전을 보장할 수 있다고 생각되는 정신건강의학과 전문의가 되었다.

전공의 2년 차 시절 내가 자신만만한 정신건강의학과 레지 던트로 지내던 어느 날, 며칠 전 퇴원한 할머니 환자가 나를 다시 찾아왔다. 반복성 우울증으로 이전에도 대여섯 번 입원 하셨던 그분은 내가 주치의로서 처음 맡은 환자이기도 했다. 남편과 사별하고 자녀들은 모두 출가한 상황이었던 그분이 아 무도 없는 집으로 혼자 퇴원하시는 게 조금 걱정되기는 했다. 그래도 그분의 우울 증상 자체는 많이 호전된 상태였기에 나 는 반가운 인사로 할머니를 맞이했다. 서로 감사와 안부를 전 하는 대화를 조금 나누고 나서, 그분은 내게 "그동안 너무 고 마웠다는 말을 선생님께 꼭 전하고 싶었어요"라는 말을 남기 고 일어섰다.

무언가 이상했다. 무어라 표현할 수 없는 느낌이었지만, 당 시 나는 너무 바빴고 할머니의 표정도 그리 어두워 보이지는 않아서 나는 더 이상 할머니의 말을 듣지 않고 자리를 떠났다.

죽고 싶은
사람은 없다

그리고 며칠 후에 할머니의 아들이 나를 찾아왔다. 그는 할머니께서 자살하셨다고 말했다. 자살이라는 것을 확증하기 위해 우울증 진료 기록을 경찰에 제출해야 한다는 말을 덧붙이면서.

나는 또다시 자책했고 절망했다. 어떻게 이렇게 멍청할 수가 있는가? 손도 머리도 이렇게 아둔한 의사가 무슨 쓸모가 있을까?

그로부터 10여 년의 시간이 더 지난 후, 나는 경희대학교의 백종우 교수, 서울대학교의 김재원 교수와 함께 '보고 듣고 말하기' 프로그램을 만들었다.

죽음을 생각하는 사람은 외롭다. 그들은 죽음을 원하지는 않지만 미래가 보이지 않으며 더는 살아갈 희망이 없다고 느낀다. 삶과 죽음의 경계선에서 누군가가 자신을 도와주길 바라며 절박하고 애처로운 신호를 보내지만, 주변 사람들은 그것이 무슨 뜻인지 모른다. 그리고 그들은 그렇게 외롭게 죽어간다. 가족을, 친구를, 동료를 그렇게 떠나보낸 사람들은 그때 그 신호를 알아보지 못했던 자신을 원망하면서 아주 오랜 시간을 보내야 한다.

그들을 먼저 봐 주어야 한다. 알아야 볼 수 있다. 그러니, 우리는 볼 수 있는 방법을 알려야 한다. 그리고 들어야 한다. 듣고 나서도 또 들어야 한다. 잘 들을 수 있는 방법도 알려야 한다. 충분히 들은 후, 그제야 말해야 한다. 힘들어도 오늘을 견뎌 보자고, 당신의 삶에 기회를 조금 더 주자고, 당신은 혼자가 아니라고, 우리 함께 살아 보자고. 그들을 살릴 수 있는 이런 말들을 알려야 한다. 이것이 '보고 듣고 말하기'의 전부다.

나는 손재주도 없고, 건강도 그리 좋지 못하다. 하지만 누군가에게 도움이 되는 삶을 살고 싶다. 김재원 교수와 백종우 교수는 앞으로도 평생의 동지가 될 것이다. 우리는 이름 모를 누군가의 삶을 보호하고 싶다는 진심을, 대가를 바라지 않는 선행이 주는 따뜻한 희망을, 우리가 함께 만드는 '보고 듣고 말하기'에 담고 있다.

2018년 10월 5일, 공군에 이어 '대한민국 육군을 위한 보고 듣고 말하기'를 완성했다. 육군은 앞으로 모든 장병에게 '보고 듣고 말하기'를 교육할 것이다. 그리고 그들이 전역하면, 사회에서 또 다른 누군가를 도울 수 있게 될 것이다. 나는 이 프로그램이 생명력을 가지고 계속 전파되면서, 우리의 진심을 전할 수 있기를 바란다. 한국어를 모국어로 사용하는 모든 사람

죽고 싶은
사람은 없다

그리고 외국인이지만 한국어를 배운 사람들까지도 모두 '보고 듣고 말하기'를 통해 서로를 지켜 줄 수 있기를 간절히 바란다.

2018년 10월 7일

희망의
근거

조금 더 큰, 조금 더 예쁜 상자

얼마 전 응급실에서 본 환자들의 이야기를 글로 쓰신 선생님이 화제가 되었다. 글에는 주로 긴박감과 피 냄새의 생생함 그리고 참혹함이 담겨 있었으나, 사실 참혹함이라면 정신건강의학과도 만만치 않다. 서로 다른 이유로 자기 삶의 가장 힘겨운 밑바닥에 놓인 사람들이 한가득 입원해 있는 곳이 정신건강의학과 입원실이니까.

고통은 주관적 경험이기에, 누가 덜 힘들고 더 힘들다고 말할 수는 없다. 하지만 보다 객관적 상황에 처해 있는 관찰자 입장에서는 그중에서도 환자의 경험을 듣고 있는 것만으로도

죽고 싶은
사람은 없다

너무너무 힘들고 참혹함이 느껴지는, 도저히 사실이라고 믿어지지 않을 정도의 정신적·신체적 고통을 겪고 있는 사람들이 있다. 그런 환자를 대할 때 나는 다른 의사들도 많은데 그분들이 도대체 왜 하필 나를 찾아오셨는지 원망스럽기도 하다. 하지만 '이것이 나의 일이다'라고 스스로 되뇌면서 그분들과 힘겨운 치유의 여정을 함께한다.

이렇게 나에게 남다른 기억으로 남은 환자들은 퇴원할 때 내게 편지를 전하고 가는 경우가 많다. 그렇게 20년 동안 받은 편지들을 꼬박꼬박 모아놓은 작은 상자도 어느새 가득 찼다. 그분들은 내게 다시 살아갈 수 있는 도움을 받았다고 고마워하시고, 나 또한 그분들에게서 삶을 다시 배운다. 그리고 그 경험은 나의 전공의 선생님들에게 전수되어 더 많은 환자의 삶을 돕게 될 것이다.

모두, 부디 잘 지내시길 기원한다.
이번 주말엔 조금 더 큰, 조금 더 예쁜 상자를 사야겠다.

2018년 12월 15일

희망의
근거

죽고 싶은 사람은 없다던
친구를 그리며

2018년 마지막 날, 12월 31일은 월요일이었습니다. 저는 종일 외래 진료를 하는 날이었습니다.

오전 10시 45분 "고대에서 보듬말 수업 예정. 자살 예방을 위한 의사의 역할을 주제로 세 시간을 배정받았으니 나눠서 하자"라는 연락이 왔습니다. 진료 중이던 저는 "장하다. 해야지!" 하고 짤막하게 답했습니다. 그것이 우리의 마지막 대화가 될지 그때는 전혀 알 수 없었습니다.

임세원 교수는 저와 고려대학교 90학번 동기입니다. 제가 정신건강의학과 전공의를 시작했을 때 저보다 1년 먼저 들어가 위 연차였던 임 교수와는 100일 당직을 비롯해 모든 것을 함께한 친구 사이였습니다. 임 교수는 항상 책임감이 강하고 진지한 표정으로 공부하는 것을 좋아해 '독일 병정'이라고 불리기도 했지만, 환자들에게는 참 따뜻했습니다. 응급실에 환자를 보고하면 항상 꼼꼼하게 지적을 해서 한 환자를 총 다섯 시간 만났던 적도 있었습니다.

그렇게 우리 1년 차들에게는 우상과도 같았던 그가 어느 날 어두운 표정으로 병원 한구석에 앉아 있었던 기억이 납니다. 그는 본인이 보던 할머니가 퇴원 후 스스로 목숨을 끊으셨다고 했습니다. 그 전날 예약도 없이 외래를 왔던 할머니는 잠시 인사만 하러 들렀다며, 갑자기 그동안 너무 감사했다고 인사를 하셨답니다. 그는 무언가 이상하다고 느꼈지만, 뒤에 예약 환자가 밀려 있었던 터라 길게 대화를 나누지 못하고 잘 지내시라며 배웅만 해 드렸다고 했습니다. 그게 마지막 인사가 될지 몰랐다면서, 자살의 경고 신호를 놓친 스스로를 책망하고 있었습니다.

자신의 환자를 자살로 잃는 것은 의사에게도 커다란 상처로 남습니다. 이런 일을 겪은 의사는 "왜?"라는 질문에 사로잡

추모의
글

혀 괴로워지고, 죽음을 막지 못한 데 대한 무거운 자책감에 시 달리게 됩니다. 다행히, 임 교수는 그 상태에만 머무르지 않았 습니다.

10년 후, 각자 대학에 자리를 잡은 우리는 서울대 김재원 교수와 함께 한국형 표준 자살예방교육 프로그램의 간사로 의 기투합했습니다. 여러 외국 프로그램도 받아 보고 공부했지만, 창의적인 한국형 프로그램에는 무엇을 담아야 하는지 난감했 습니다.

그러던 어느 날, 임 교수는 김 교수와 저를 대학로 학림다 방에 불렀습니다. 전날 밤을 새워 부스스한 얼굴이었던 그는 가방에서 자신이 직접 그린 그림을 꺼냈습니다. 눈, 코, 입 옆 에 '보고 듣고 말하기'라고 쓰여 있는 그림이었습니다. 지금까 지 130만 명이 넘는 우리 국민이 수료한 교육 프로그램 '보고 듣고 말하기'는 그렇게 시작되었습니다.

그뿐만이 아니었습니다. 기업정신건강연구소를 개척하며 특허도 받고 100여 편이 넘는 논문도 내는 등 그는 이후에도 왕성하게 활동하면서 불안장애와 자살 예방 분야의 가장 앞서 가는 임상의이자 연구자가 되어 갔습니다.

죽고 싶은
사람은 없다

그러나 바로 그 시점, 그에게 예기치 않은 불행이 찾아왔습니다. 끔찍한 허리 통증이 시작된 것입니다.

수술을 포함해 여러 시도를 했지만 해결은 만만치 않았습니다. 회의를 하려고 그와 함께 앉아 있을 때면 시간이 지날수록 그의 표정에서 힘들어하는 기색이 느껴졌습니다. 친구로서, 동료로서 안타까운 마음이 컸지만, 혹시나 불편해할까 봐 일부러 내색하지 않는 날들이 많았습니다.

그의 투병 기간이 한없이 길어지던 어느 날, 그가 책을 준비 중이라며 《죽고 싶은 사람은 없다》의 원고를 보내왔습니다. 읽어 보니, 평소 임 교수가 좋아하던 '희망의 근거'에 대해 이야기하는 내용이었습니다. 다 좋았지만, 그가 괴로워 죽음을 생각하고 세상을 등지려 했다는 내용이 등장하는 챕터를 보고는 덜컥 걱정이 앞섰습니다.

'세상이 이 친구의 진심을 제대로 이해해 줄까? 이 친구에게 상처만 주지 않을까?'

저는 이런 우려를 조심스레 전했습니다. 그런데 그는 모든 건 본인이 감내할 일이라고 했습니다. 그제야 비로소 이 친구가 《죽고 싶은 사람은 없다》를 통해 진짜 말하고자 했던 것이

추모의
글

무엇인지 느낄 수 있었습니다. 우리는 모두 인생의 한 시점에 위기에 빠질 수 있다, 심지어 우울증을 치료하는 정신건강 전문의도 이 운명에서 비껴가지 못한다, 그래서 우리는 서로가 서로를 지키는 사회로 나아가야 한다……

2018년 가을, 그는 어느 때보다 의욕적이었습니다. 허리 통증도 많이 나아지고 있었고, 전상원 교수와 같은 좋은 동료도 만났습니다. 우리에게는 "내년엔 '보고 듣고 말하기' 2.0을 내보자"고 했고, 책도 개정판을 내려 한다고 했습니다. 기업정신건강연구소장 신영철 교수께도 이런저런 아이디어를 이야기했다고 합니다.

그리고 그 해의 마지막 날.

20년 전 예약 없이 찾아온 우울증 환자를 살리지 못했다고 자책하던 의사가, 한 해의 마지막 날 예약 없이 불쑥 찾아온 방치된 조현병 환자를 위해 끝까지 최선을 다하려다가 우리 곁을 떠나게 되었습니다. 너무 아팠습니다. 학회 사무실에 다들 모였지만, 무슨 말을 해야 할지 떠오르지 않았습니다.

1월 2일 유족에게서 한 통의 전화가 왔습니다.

"가족이 마음을 모았습니다. 우리는 고 임세원 교수의 유지

죽고 싶은
사람은 없다

가, 마음 아픈 사람들이 편견과 차별 없이 쉽게 치료와 지원을 받는 사회라고 생각합니다."

아, 커다란 망치로 머리를 맞은 듯하더니 순간 정신이 들었습니다. 어떻게 이 상황에서 유족들은 이런 생각을 했을까. 너무나 놀랍고 감사했습니다.

그리고 다음 날 유족에게서 조의금을 기부하겠다는 전화를 받았습니다. 저희도 마땅히 해야 할 일을 하겠다고 말씀드렸습니다. 발인 날 그를 생각하며 울음을 꾹꾹 누르고 있던 우리는 "우리 세원이, 바르게 살아 주어서 고마워"라는 임 교수 어머님의 마지막 인사에 더는 눈물을 참을 수 없었습니다.

벌써 3주기가 다가옵니다. 우리는 임 교수를 다시 만날 수 없지만, 그의 진심을 기억해 주는 수많은 사람을 만났습니다. 임세원법이 통과되는 데 언론, 학계, 정부, 국회 등의 많은 분이 나서 주셨고, 이름 모를 수많은 분이 힘을 실어 주셨습니다. 임 교수의 정신이 길이 기억될 수 있도록 도움을 주신 모든 분께 깊은 감사의 마음을 전합니다.

또, 임 교수가 남긴 이 귀중한 책을 읽어 주신 여러분들 모두 고맙습니다. 제가 아는 이 친구는 자신의 이름보다 자신의

추모의
글

진심이 기억되기를 원할 사람이었습니다. 이 책을 통해 그의 진심을 느끼셨다면 여러분은 지금 우리의 '희망의 근거'이십니다.

백종우

죽고 싶은
사람은 없다

보고
듣고
말하기

❝ 우리는 이름 모를 누군가의 삶을 보호하고 싶다는 진심을, 대가를 바라지 않는 선행이 주는 따뜻한 희망을, 우리가 함께 만드는 '보고 듣고 말하기'에 담고 있다. (…) 나는 이 프로그램이 생명력을 가지고 계속 전파되면서, 우리의 진심을 전할 수 있기를 바란다. 한국어를 모국어로 사용하는 모든 사람 그리고 외국인이지만 한국어를 배운 사람들까지도 모두 '보고 듣고 말하기'를 통해 서로를 지켜 줄 수 있기를 간절히 바란다. _임세원 ❞

'보고
듣고
말하기'는…

한국자살예방협회가 개발하고 생명존중희망재단이 보급 중인 한국형 표준 생명
지킴이 프로그램입니다. '보고 듣고 말하기 1.0'은 오강섭 개발위원장 하에 임세
원, 김재원, 백종우 교수가 개발하였으며, '보고 듣고 말하기 2.0'의 개발 책임자는
이화영 교수입니다. 강사의 자격 유지 및 교육은 모두 엄격하게 관리되고 있고, 온
라인으로도 수강 가능합니다. 여기 실린 부록은 교육을 대체할 수 없으니, 영상을
포함한 교육을 꼭 받으시길 권합니다.

우리나라의 자살률이 OECD 국가 가운데 1~2위를 왔다 갔다 하는 상황이 수년째 계속되고 있다. 그 원인을 따지자면 한두 가지가 아닐 것이다. 그중 사회 구조에 따른 원인을 밝히고 그것을 해결해 나가는 데는 너무나 오랜 시간이 걸린다. 그 시간을 마냥 견디며 기다리기엔 상황이 너무나 급박하다. 지금 당장, 내 주변의 자살하고 싶어 하는 이들의 마음을 알아차리고 그들을 돕기 위한 방법은 없을까? '보고 듣고 말하기'는 바로 이런 문제의식에서 출발했다.

자살에 이르는 과정은 '자살 생각(자살 사고) – 자살 계획 –

자살 시도'의 3단계를 거치는데, 이 가운데, 자살 생각 단계가 가장 길다. 자살 생각을 해 봤다는 사람들은 전 인구의 5퍼센트가량으로 집계된다. 적지 않은 숫자다. 이 숫자를 줄여 나가기 위해서는 다음과 같은 네 가지 접근법이 있을 수 있다.

1. 자살 수단의 제거(ex. 스크린도어 설치, 독극물 구입 제한 등)
2. 정신건강서비스의 접근성 향상(ex. 자살예방상담전화, 한국 생명의 전화 등)
3. 국민 대상 캠페인(ex. 중앙자살예방센터 '괜찮니' 캠페인 등)
4. 생명 지킴이 양성

'보고 듣고 말하기'는 이 가운데 네 번째 접근법의 일환이라고 보면 된다. 실제로 이 프로그램을 이수한 후 주변의 위태로워 보이는 지인에게 '자살에 대해 물어보고 그 이유를 들어 준 사람'이 95퍼센트, '정보를 제공하고 전문가에게 연계한 사람'이 71.5퍼센트에 달하는 것으로 나타났다.

이처럼 생명 지킴이 양성을 목표로 하는 '보고 듣고 말하기'는 크게 다음 세 가지 과정으로 이루어져 있다.

죽고 싶은
사람은 없다

| 경고 신호 인식 | ▶ | 자살 생각 확인 | ▶ | 전문 서비스 연결 |

　자, 이제 저 세 가지 과정을 어떻게 거쳐야 할지 구체적으로 들어가 보자.

보고 듣고
말하기

보기

: 자살을 암시하는
언어적·행동적·상황적 신호를 본다

"그 사람, 아내가 유방암 말기였어요. 병원 치료를 받는 아내 모습을 보는 게 너무 힘들다고 괴로워했는데…… 그래도 긍정적인 성격이어서 이런 충동적인 일을 벌일 사람이 아니라고 생각했어요."

"아무래도 그분이 혼자 자기 가게를 운영하면서 여러 가지로 부담이 컸던 모양이에요. 그게 자살로 이어질 줄은 몰랐죠."

"얼마 전까지 힘들어 보이기는 했지만, 최근에는 면접도 보고 아르바이트도 열심히 했다고요. ……정말 이렇게 죽을 거라곤 상상도 못 했습니다."

자살자들의 가족이나 친구 등 지인들이 하는 이야기를 들어 보면 대체로 "정말로 그럴 줄은 몰랐다"는 말을 많이 한다. 세상을 등질 정도로 힘들어한다고는 생각지 못했다는 것이다.

그러나 실제로 자살자들은 어떤 식으로든 주변에 신호를 보낸다고 한다. 실제로, 경고 신호를 보내는 경우가 92퍼센트에 이르는데, 안타깝게도 이 신호를 주변에서 알아차리는 경우는 21퍼센트에 불과하다. 이 21퍼센트란 숫자를 눈에 띄게 끌어 올릴 수 있다면 어떨까. 지금부터 그 방법을 살펴보자.

언어적 신호

생전에 자살 사망자가 주변에 보냈던 언어적 신호를 살펴보면 주로 다음과 같았다.

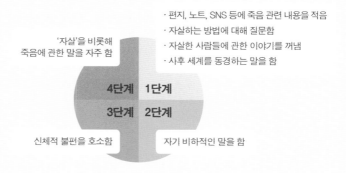

'자살'을 비롯해 죽음에 관한 말을 자주 함

· 편지, 노트, SNS 등에 죽음 관련 내용을 적음
· 자살하는 방법에 대해 질문함
· 자살한 사람들에 관한 이야기를 꺼냄
· 사후 세계를 동경하는 말을 함

4단계 | 1단계
3단계 | 2단계

신체적 불편을 호소함

자기 비하적인 말을 함

보고 듣고
말하기

구체적으로는 어떤 이야기들이 있었을까? 다음은 어느 취업 준비생이 자살 시도 전 지인들에게 했던 이야기들이다.

"나 너무 지쳐……."

"다 내려놓고 싶어……."

"끝이 없는 터널을 걷는 기분이다."

"이젠 못 하겠어. 다 그만둘래."

"여행 같이 못 가게 되어서 미안해."

"이렇게 살 바에는 죽는 게 나을 것 같아."

"죽으면 끝이 날까?"

행동적 신호

언어적 신호와 함께 행동적 신호도 포착할 수 있다. 다음을 살펴보자.

✓ 흔한 변화   ✓ 자살 임박

평소와 다른 행동	우울 관련 변화
☑ 공격적·충동적 행동	☑ 식사·수면 상태 변화
☑ 감정의 변화	☐ 무기력, 대인기피, 흥미 상실
☐ 자해 행동	☐ 집중력 저하 및 사소한 결정의 어려움
☐ 술, 약물 남용	☐ 외모 관리에 무관심

죽고 싶은
사람은 없다

삶을 정리하는 행동	자살을 준비하는 행동
☑ 주변을 정리함	☑ 자살 방법을 찾고 계획을 세움
☐ 인간관계 개선 노력이나 신변 정리	☐ 죽음 관련 음악, 시, 영화에 과도한 몰입
☐ 소중한 물건을 다른 사람에게 줌	

　실제 사례에서는 이런 신호가 어떤 양상으로 전개될까? 다음은, 어느 자살 사망자인 회사원이 생전에 보였던 행동적 신호들이다.

- 점심시간에 밥을 먹지 않겠다고 하는 일이 많아졌다.

- 연예인 자살 기사를 계속해서 들여다보았다.

- 얼굴에 퀭해 보여 무슨 일 있냐고 물어보면, 밤에 계속 깬다고 말했다.

- 집중력이 떨어졌는지 업무 실수가 잦아졌다.

- 두통이 심해져 찡그린 표정을 보이곤 했다.

- 회식은 물론 부담 없는 동기 모임 자리까지 계속 피했다.

- SNS 상의 메시지가 갑자기 어둡게 바뀌었다.

보고 듣고
말하기

상황적 신호

개인의 성격이 밝고 마음가짐이 아무리 굳건하다 해도 상황이 자꾸 나쁜 쪽으로 흘러가면 누구든 견디기 힘든 법이다. 따라서 힘든 상황에 놓인 주변인이 있다면 더 자주 들여다보고 챙겨야 한다.

여러 상황 가운데, 특히 자살 생각을 불러일으킬 만큼 나쁜 영향을 불러오는 것들로는 다음이 있다.

- 신체 건강 이상
- 학업 실패
- 상처 주는 가족 관계
- 껄끄러운 대인 관계
- 불안정한 연인 관계 혹은 부부 관계

이런 나쁜 상황 가운데 거대한 고통을 안겨주는 이른바 '생애 스트레스 사건'이 평균 3.9개 이상 있을 경우, 자살 가능성은 치솟게 된다.

이런 상황은 세대별로 조금씩 다른 특징을 보인다.

죽고 싶은
사람은 없다

청년층	중장년층	노년층
• 학업, 가족, 연애 관련 스트레스 • 혼자 지내거나 친구 없음	• 경제적 스트레스 • 부채 문제가 빈번함	• 만성 질병, 모호한 신체 증상 • 외부 대인 관계가 적거나 없음

다음은 자살로 사망하기 전 40대 가장에게 보였던 일련의
상황적 신호들이다.

• 가족과 떨어져 지방에서 홀로 생활하던 중, 회사에서 해고됨

• 가족에게 해고 사실을 숨기고 계속 구직을 했으나 번번이 실패함

• 오피스텔 월세를 낼 수 없어 고시원으로 옮김

• 생계를 위해 시작한 편의점 아르바이트도 잦은 실수로 잘림

• 결국 가족에게 생활비를 보내지 못하고 상황을 모르는 아내는 경제적
  어려움을 호소함

• 고시원에 돈을 내지 못해 퇴실 경고를 받음

이와 같이, 언어적 · 행동적 · 상황적 신호를 '보았다'면, 그
다음 해야 할 일은 '듣기'이다.

보고 듣고
말하기

듣기

: 자살 생각을 묻고
 죽음의 이유를 적극적으로 듣는다

주변 사람에게서 자살 신호를 감지한 후에는 지체 없이 그에게 다음과 같은 질문을 던진 후, 그의 이야기를 주의 깊게 경청해 주어야 한다.

"자살에 대해 어떻게 생각하세요?"

혹자는 이런 직접적인 자살 언급이 상대의 자살 생각을 부추길 수도 있지 않느냐고 걱정한다. 하지만 자살에 대해 이야기하는 것만으로 자살 위험성이 높아지지는 않는다. 오히려 이런 직접적인 질문이 상대에게는 안정감을 줄 수도 있다. 또한 대화의 주제가 확실해져 뜬구름 잡는 식의 이야기가 오가

죽고 싶은
사람은 없다

는 것이 아니라 좀 더 명확하게 서로의 의사를 확인할 수 있게 된다.

물론 마음이 급하다고 해서 대뜸 자살 이야기부터 꺼낼 수는 없을 것이다. 이렇게 접근해 보자.

"너 요새 평소답지 않게 너무 우울해 보여. 매일 술 마시고, 죽겠다는 말도 많이 하고…… 이렇게 힘들어하는 사람들 중에 자살 생각을 하는 이들도 있다는데, 혹시 너도 그런 거 아니야? 자살에 대해 어떻게 생각해?"

만약 이렇게 물었는데 상대가 "맞아. 나 죽고 싶어"라는 식으로 자살 의사를 밝혔다면 그다음에는 어떻게 해야 할까?

적극적 듣기

먼저, 이 상황에서 가장 피해야 할 답변들부터 살펴보자.

- **문제의 축소 및 회피**: "쓸데없는 생각을 하고 있어!"
- **비난과 화냄**: "왜 이렇게 사람 말을 안 들어. 나도 모르겠다, 혼자 알아서 해."
- **충고**: "안 좋은 생각만 하니까 상황이 더 안 좋아지는 거야."

보고 듣고
말하기

- **섣부른 해결책의 제시:** "나도 전에 그런 일이 있어서 아는데, 그럴 땐 말이야……."
- **비밀 보장 약속:** "걱정 마. 나한테는 말해도 돼. 아무한테도 말 안 할게."

그렇다면 어떤 '듣기'를 해야 하는 걸까? 바로 '적극적 듣기'다. 적극적 듣기의 핵심은 옳고 그름을 판단하지 않는 것, 공감하며 듣는 것이다. 먼저, 다음과 같은 마음가짐을 장착해야 한다.

- 상대방이 느끼고 말하는 것은 다 타당하다.
- 자살을 생각하게 한 고통에 대해 무조건 많이 들어준다.
- 상대방의 마음에 최대한 귀를 기울이겠다.

그리고 언어적 · 비언어적으로 모두 공감을 해 주어야 한다.

언어적 공감	비언어적 공감
• "진짜 힘들었겠다. 그동안 몰라봐서 미안해."	• 자세와 시선을 상대 쪽으로

죽고 싶은
사람은 없다

- "다른 힘든 것도 있는 거야?"
- "울고 싶으면 울고, 소리 지르고 싶으면 소리 질러."
- "말하기 힘들었을 텐데 말해 줘서 고마워."
- "힘든데 잘 버텼네. 대단하다. 그 힘은 뭐야?"

- 고개 끄덕임
- 온화한 태도
- 충분히 듣고 말하기

우리를 살아가게 하는 힘

자살을 생각하는 사람에게 자살에 대해 어떻게 생각하느냐고 물어보면 양가감정을 갖고 있는 경우가 많다. 즉, '살고 싶다'는 마음과 '죽고 싶다'는 마음이 서로 치열하게 싸우고 있는 것이다. 이 마음은 시시각각 바뀌게 마련이다. 이럴 때 붙잡아 주는 무언가가 있다면 '죽고 싶다'는 마음은 조금씩 '살고 싶다'로 기울게 된다.

온갖 어려움 속에서도 우리를 살아가게 하는 것은 무엇일까. 이를 알아 두면 자살을 고민하는 주변인들과 대화할 때 큰 도움이 될 것이다.

보고 듣고
말하기

관계	성취	기타
부모, 배우자, 연인, 자녀 친구, 반려동물 등과 맺는 정서적 교분	공부, 일, 취미 등에서 무언가를 해내는 것	종교, 가치관, 신념 등

죽고 싶은
사람은 없다

말하기

: 자살 위험성을 확인하고
  안전하게 도와주기 위한 말을 한다

앞서 자살에 이르는 3단계가 '자살 생각(자살 사고) – 자살 계획 – 자살 시도'라고 이야기한 바 있다. 이 가운데 '자살 생각'은 주로 '보기' '듣기'를 통해 확인할 수 있으며, '자살 계획' '자살 시도'는 '말하기'에서 확인할 수 있다.

이처럼 '말하기'는 자살 가능성이 훨씬 큰 이들을 실질적으로 구하는 데 절실히 필요한 파트라 할 수 있다. 이 파트를 더욱 주의 깊게 살펴보아야 하는 이유다.

보고 듣고
말하기

자살 위험성 확인

우선 두 가지를 확인해야 한다.

먼저 '자살 계획 여부'를 물어보아야 한다. 단순히 "자살 계획을 세웠니?"라고 물을 것이 아니라, 다음과 같이 조금 더 조목조목 짚어주면 좋다.

방법	**시기**	**장소**
"어떤 방법으로 자살할지 생각해 봤니?"	"언제 자살할지도 정한 거니?"	"어디서 자살하려고 하는데?"

이런 질문들에 대한 답변이 선명하고 구체적일수록 응급 상황에 가깝다고 보아야 한다.

그다음으로는 '이전 자살 시도 유무'를 물어보아야 한다. 응급실을 방문한 자살 시도자 중 이전 자살 시도 비율은 무려 34.9퍼센트에 달한다. 자살 시도를 했다가 목숨을 구한 사람이 또다시 자살을 시도할 가능성이 그만큼이나 된다는 뜻이다. 이런 점에서 이 질문은 무엇보다 중요하다.

> "혹시 이전에 자살을 시도한 적 있니?"

죽고 싶은
사람은 없다

이렇게 조심스럽게 질문을 던진 후 경험이 있다고 하면 역시 구체적으로 물어보아야 한다.

시기	방법
"자살 시도했던 게 언제 일이야?"	"그때 어떤 방법으로 시도했었니?"

자살 시도를 한 시기가 비교적 최근일수록, 자살 시도 방법이 치명적인 것일수록 응급 상황이라고 판단할 수 있다.

안전하게 도와주기

한시가 급한 상황이라는 판단이 서면 상대를 안전하게 보호하기 위한 조치를 취해야 한다.

처음으로 해야 할 일은 '안전 확보'이다. 안전을 확보한다는 건 당장 물리적인 위험에서 상대를 구한다는 뜻이다. 다음의 네 가지 방법이 대표적이다.

- 가족과 지인에게 도움 요청하기
- 혼자 두지 않기

보고 듣고
말하기

• 자살 도구 없애기

• 정신건강의학과 진료 및 입원 치료를 받게 하기

그다음으로 주의해야 할 것은 '술'이다. 응급실에 방문한 자살 시도자의 52.6퍼센트, 자살 사망자의 34퍼센트가 음주 상태라는 점은 의미심장하다. 알코올이 자살 충동을 부추길 수 있다는 점을 시사하기 때문이다. 따라서, 자살 위험이 있는 사람에게는 절대로 술을 권해선 안 된다.

또, '우울증' 역시 주의해야 한다. 자살 사망자의 84.5퍼센트는 정신과 질환이 있었던 것으로 추정되며, 특히 73.6퍼센트는 우울증이 있었던 것으로 확인된다. 문제는 이 가운데 적절한 정신과적 치료를 받은 경우는 불과 16.1퍼센트라는 점이다. 우울증은 반드시 치료해야 하는 질병이며, 또한 치료 가능한 질병이라는 점을 기억해야 한다.

우울증은 다양한 양상으로 나타나는데, 그 주요 증상은 다음과 같다.

죽고 싶은
사람은 없다

신체 증상	기분·인지 증상
• 불면 혹은 과수면 • 식욕 감소 혹은 과식 • 피로, 전신 쇠약 • 다양한 신체적 불편감(두통, 통증, 소화 불량, 가슴 두근거림)	• 지속적인 우울감(2주 이상) • 흥미나 즐거움 상실 • 불안 • 집중력 저하, 문제해결능력 감소 • 과도한 죄책감, 절망감

상대에게 이런 증상이 있는지 물어보고 어느 정도 해당되는 상태라는 점을 확인하고 나면 적절한 정신과적 치료를 받을 수 있도록 반드시 도와주어야 한다.

끝으로, 자살 시도를 방지하기 위해 만들어진 여러 기관을 찾을 수도 있다. 아래와 같은 기관의 이름을 기억해 두고 필요한 경우 전화로 도움을 청하자.

보건복지부
자살예방상담전화
(24시간)
1393

자살 및 정신건강
위기상담전화
(24시간)
1577-0199

청소년 전화
1388

한국생명의전화
1588-9191

보고 듣고
말하기

다양한 복지 서비스

- 자살예방센터 · 정신건강복지센터
- 보건복지상담센터 129 · 복지로(bokjiro.go.kr)
- 고용복지플러스센터 · 워크넷(work.go.kr)
- 대한법률구조공단 132
- 한국도박문제관리센터 1336
- 서민금융통합콜센터 1397 · 서민금융통합지원센터

죽고 싶은
사람은 없다

이것만은 꼭!

👁 보기   자살을 암시하는 언어적·행동적
· 상황적 신호를 본다.

👂 듣기   자살 생각을 묻고 죽음의 이유를
적극적으로 듣는다.

👄 말하기   자살 위험성을 확인하고
안전하게 도와주기 위한 말을 한다.

죽고 싶은 사람은 없다

1판 1쇄 발행 2021년 11월 22일
1판 3쇄 발행 2024년 3월 21일

지은이 임세원

발행인 양원석
디자인 강소정, 김미선
영업마케팅 양정길, 윤송, 김지현

펴낸 곳 ㈜알에이치코리아
주소 서울시 금천구 가산디지털2로 53, 20층 (가산동, 한라시그마밸리)
편집문의 02-6443-8826   **도서문의** 02-6443-8800
홈페이지 http://rhk.co.kr
등록 2004년 1월 15일 제2-3726호

ⓒ임세원 2021, Printed in Seoul, Korea

ISBN 978-89-255-7925-2 (03180)

※ 이 책은 ㈜알에이치코리아가 저작권자와의 계약에 따라 발행한 것이므로
   본사의 서면 허락 없이는 어떠한 형태나 수단으로도 이 책의 내용을 이용하지 못합니다.
※ 잘못된 책은 구입하신 서점에서 바꾸어 드립니다.
※ 책값은 뒤표지에 있습니다.
※ 본 저작물은 공공누리 제1유형에 따라 경기도 김포시의 공공저작물을 이용하였습니다.